孟子
Mencius
孟子
Mengzi

孟子

First Published in Great Britain in 2014 by Jiahu Books – part of Richardson-Prachai Solutions Ltd, 34 Egerton Gate, Milton Keynes, MK5 7HH

ISBN: 978-1-78435-028-4

A CIP catalogue record for this book is available from the British Library

Visit us at: jiahubooks.co.uk

梁惠王上

一

孟子見梁惠王。王曰：「叟！不遠千里而來，亦將有以利吾國乎？

孟子對曰：「王！何必曰利？亦有仁義而已矣。王曰：『何以利吾國？』大夫曰：『何以利吾家？』士庶人曰：『何以利吾身？』上下交征利而國危矣。萬乘之國，弒其君者，必千乘之家；千乘之國，弒其君者，必百乘之家。萬取千焉，千取百焉，不為不多矣。苟為後義而先利，不奪不饜。未有仁而遺其親者也，未有義而後其君者也。王亦曰仁義而已矣，何必曰利？

二

孟子見梁惠王。王立於沼上，顧鴻雁麋鹿，曰："賢者亦樂此乎？"

孟子對曰：「賢者而後樂此，不賢者雖有此，不樂也。詩云：『經始靈台，經之營之，庶民攻之，不日成之。經始勿亟，庶民子來。王在靈囿，麀鹿攸伏，麀鹿濯濯，白鳥鶴鶴。王在靈沼，於牣魚躍。』文王以民力為台為沼，而民歡樂之，謂其台曰靈台，謂其沼曰靈沼，樂其有麋鹿魚鱉。古之人與民偕樂，故能樂也。湯誓曰：『時日害喪，予及女皆亡。』民欲與之偕亡，雖有台池鳥獸，豈能獨樂哉？

三

梁惠王曰：「寡人之於國也，盡心焉耳矣。河內凶，則移其民於河東，移其粟於河內；河東凶亦然。察鄰國之政，無如寡人之用心者。鄰國之民不加少，寡人之民不加多，何也？

孟子對曰：「王好戰，請以戰喻。填然鼓之，兵刃既接，棄甲曳兵而走。或百步而後止，或五十步而後止；以五十步笑百步，則何如？

曰：「不可，直不百步耳，是亦走也。

曰：「王如知此，則無望民之多於鄰國也。

「不違農時，穀不可勝食也；數罟不入洿池，魚鱉不可勝食也；斧斤以時入山林，材木不可勝用也。穀與魚鱉不可勝食，材木不可勝用，是使民養生喪死無憾也。養生喪死無憾，王道之始也。

「五畝之宅，樹之以桑，五十者可以衣帛矣；雞豚狗彘之畜，無失其時，七十者可以食肉矣；百畝之田，勿奪其時，數口之家可以無饑矣；謹庠序之教，申之以孝悌之義，頒白者不負戴於道路矣。七十者衣帛食肉，黎民不饑不寒，然而不王者，未之有也！

「狗彘食人食而不知檢，塗有餓莩而不知發，人死，則曰：『非我也，歲也。』是何異於刺人而殺之，曰：『非我也，兵也。』王無罪歲，斯天下之民至焉。

四

梁惠王曰：「寡人願安承教。

孟子對曰：「殺人以梃與刃，有以異乎？

曰：「無以異也。

「以刃與政，有以異乎？

曰：「無以異也。

曰：「庖有肥肉，廄有肥馬，民有饑色，野有餓莩，此率獸而食人也。獸相食，且人惡之；為民父母，行政，不免於率獸而食人。惡在其為民父母也？仲尼曰：『始作俑者，其無後乎！』為其像人而用之也。如之何其使斯民饑而死也？

五

梁惠王曰：「晉國，天下莫強焉，叟之所知也。及寡人之身，東敗於齊，長子死焉；西喪地於秦七百里；南辱於楚。寡人恥之，願比死者壹灑之，如之何則可？

孟子對曰：「地，方百里而可以王。王如施仁政於民，省刑罰，薄稅斂，深耕易耨；壯者以暇日修其孝悌忠信，入以事其父兄，出以事其長上，可使制梃以撻秦楚之堅甲利兵矣。

「彼奪其民時，使不得耕耨以養其父母。父母凍餓，兄弟妻子離散。彼陷溺其民，王往而征之，夫誰與王敵？故曰：『仁者無敵。』王請勿疑！

六

孟子見梁襄王，出，語人曰：「望之不似人君，就之而不見所畏焉。卒然問曰：『天下惡乎定？』

「吾對曰：『定於一。』

「『孰能一之？』

「對曰：『不嗜殺人者能一之。』

「『孰能與之？』

「對曰：『天下莫不與也。王知夫苗乎？七八月之間旱，則苗槁矣。天油然作雲，沛然下雨，則苗浡然興之矣。其如是，孰能御之？今夫天下之人牧，未有不嗜殺人者也。如有不嗜殺人者，則天下之民皆引領而望之矣。誠如是也，民歸之，由水之就下，沛然誰能御之？』

七

齊宣王問曰：「齊桓、晉文之事可得聞乎？

孟子對曰：「仲尼之徒，無道桓、文之事者，是以後世無傳焉；臣未之聞也。無以，則王乎？

曰：「德何如則可以王矣？

曰：「保民而王，莫之能禦也。

曰：「若寡人者，可以保民乎哉？

曰：「可。

曰：「何由知吾可也？

曰：「臣聞之胡齕曰，王坐於堂上，有牽牛而過堂下者，王見之，曰：『牛何之？』對曰：『將以釁鐘。』王曰：『舍之！吾不忍其觳觫，若無罪而就死地。』對曰：『然則廢釁鐘與？』曰：『何可廢也？以羊易之！』——不識有諸？

曰：「有之。

曰：「是心足以王矣。百姓皆以王為愛也。臣固知王之不忍也。

王曰：「然；誠有百姓者。齊國雖褊小，吾何愛一牛？即不忍其觳觫，若無罪而就死地，故以羊易之也。

曰：「王無異於百姓之以王為愛也。以小易大，彼惡知之？王若隱其無罪而就死地，則牛羊何擇焉？

王笑曰：「是誠何心哉？我非愛其財而易之以羊也。宜乎百姓之謂我愛也。

曰：「無傷也，是乃仁術也，見牛未見羊也。君子之於禽獸也，見其生，不忍見其死；聞其聲，不忍食其肉。是以君子遠庖廚也。

王說曰：《詩》云：『他人有心，予忖度之。』夫子之謂也。夫我乃行之，反而求之，不得吾心。夫子言之，於我心有戚戚焉。此心之所以合於王者，何也？

曰：「有復於王者曰：『吾力足以舉百鈞，而不足以舉一羽；明足以察秋毫之末，而不見輿薪。』則王許之乎？

曰：「否。

「今恩足以及禽獸，而功不至於百姓者，獨何與？然則一羽之不舉，為不用力焉；輿薪之不見，為不用明焉；百姓之不見保，為不用恩焉。故王之不王，不為也，非不能也。

曰：「不為者與不能者之形何以異？

曰：「挾太山以超北海，語人曰，『我不能。』是誠不能也。為長者折枝，語人曰，『我不能。』是不為也，非不能也。故王之不王，非挾太山以超北海之類也；王之不王，是折枝之類也。

「老吾老，以及人之老；幼吾幼，以及人之幼，天下可運於掌。《詩》云：『刑於寡妻，至於兄弟，以御於家邦。』言舉斯心加諸彼而已。故推恩足以保四海，不推恩無以保妻子。古之人所以大過人者，無他焉，善推其所為而已矣。今恩足以及禽獸，而功不至於百姓者，獨何與？

「權，然後知輕重；度，然後知長短。物皆然，心為甚。王請度之！

「抑王興甲兵，危士臣，構怨於諸侯，然後快於心與？

王曰：「否！吾何快於是？將以求吾所大欲也。

曰：「王之所大欲，可得聞與？

王笑而不言。

曰：「為肥甘不足於口與，輕暖不足於體與？抑為采色不足視於目與？聲音不足聽於耳與？便嬖不足使令於前與？王之諸臣，皆足以供之，而王豈為是哉？

曰：「否！吾不為是也。

曰：「然則王之大欲可知已，欲闢土地，朝秦楚，蒞中國而撫四夷也。以若所為，求若所欲，猶緣木而求魚也。

王曰：「若是其甚與？

曰：「殆有甚焉。緣木求魚，雖不得魚，無後災；以若所為，求若所欲，盡心力而為之，後必有災。

曰：「可得聞與？

曰：「鄒人與楚人戰，則王以為孰勝？

曰：「楚人勝。

曰：「然則小固不可以敵大，寡固不可以敵眾，弱固不可以敵強。海內之地方千里者九，齊集有其一。以一服八，何以異於鄒敵楚哉？蓋亦反其本矣。

「今王發政施仁，使天下仕者皆欲立於王之朝，耕者皆欲耕於王之野，商賈皆欲藏於王之市，行旅皆欲出於王之途，天下之欲疾其君者皆欲赴愬於王。其若是，孰能御之？

王曰：「吾惛，不能進於是矣。願夫子輔吾志，明以教我。我雖不敏，請嘗試之。

曰：「無恆產而有恆心者，惟士為能。若民，則無恆產，因無恆心。苟無恆心，放辟邪侈無不為已。及陷於罪，然後從而刑之，是罔民也。焉有仁人在位罔民而可為也？是故明君制民之產，必使仰足以事父母，俯足以畜妻子，樂歲終身飽，凶年免於死亡；然後驅而之善，故民之從之也輕。

「今之制民之產，仰不足以事父母，俯不足以畜妻子；樂歲終身苦，凶年不免於死亡。此惟救死而恐不贍，奚暇治禮義哉？

「王欲行之，則盍反其本矣：五畝之宅，樹之以桑，五十者可以衣帛矣。雞豚狗彘之畜，無失其時，七十者可以食肉矣。百畝之田，勿奪其時，八口之家可以無饑矣。謹詳序之教，申之以孝悌之義，頒白者不負戴於道路矣。老者衣帛食肉，黎民不饑不寒，然而不王者，未之有也。

梁惠王下

一

莊暴見孟子，曰：「暴見於王，王語暴以好樂，暴未有以對也。」曰：「好樂何如？」

孟子曰：「王之好樂甚，則齊國其庶幾乎？」

他日，見於王曰：「王嘗語莊子以好樂，有諸？」

王變乎色，曰：「寡人非能好先王之樂也，直好世俗之樂耳。」

曰：「王之好樂甚，則國其庶幾乎，今之樂猶古之樂也。」

曰：「可得聞與？」

曰：「獨樂樂，與人樂樂，孰樂？」

曰：「不若與人。」

曰：「與少樂樂，與眾樂樂，孰樂？」

曰：「不若與眾。」

「臣請為王言樂。今王鼓樂於此，百姓聞王鐘鼓之聲，管籥之音，舉疾首蹙頞而相告曰：『吾王之好鼓樂，夫何使我至於此極也？父子不相見，兄弟妻子離散。』今王田獵於此，百姓聞王車馬之音，見羽旄之美，舉疾首蹙頞而相告曰：『吾王之好田獵，夫何使我至於此極也？父子不相見，兄弟妻子離散。』此無他，不與民同樂也。

「今王鼓樂於此，百姓聞王鐘鼓之聲，管籥之音，舉欣欣然有喜色而相告曰：『吾王庶幾無疾病與，何以能鼓樂也？』今王田獵於此，百姓聞王車馬之音，見羽旄之美，舉欣欣然有喜色而相告曰：『吾王庶幾無疾病與，何以能田獵也？』此無他，與民同樂也。今王與百姓同樂，則王矣。」

二

齊宣王問曰：「文王之囿方七十里，有諸？」

孟子對曰：「於傳有之。」

曰：「若是其大乎？」

曰：「民猶以為小也。」

曰：「寡人之囿方四十里，民猶以為大，何也？」

曰：「文王之囿方七十里，芻蕘者往焉，雉兔者往焉，與民同之。民以為小，不亦宜乎？臣始至於境，問國之大禁，然後敢入。臣聞郊關之內有囿方四十里，殺其麋鹿者如殺人之罪，則是方四十里為阱於國中。民以為大，不亦宜乎？

三

齊宣王問曰：「交鄰國有道乎？」

孟子對曰：「有。惟仁者為能以大事小，是故湯事葛，文王事昆夷。惟智者為能以小事大，故太王整事獯鬻，勾踐事吳。以大事小者，樂天者也；以小事大者，畏天者也。樂天者保天下，畏天者保其國。《詩》云：『畏天之威，於時保之。』」

王曰：「大哉言矣！寡人有疾，寡人好勇。」

對曰：「王請無好小勇。夫撫劍疾視曰，『彼惡敢當我哉！』此匹夫之勇，敵一人者也。王請大之！

「詩云：『王赫斯怒，爰整其旅，以遏徂莒，以篤周祜，以對於天下。』此文王之勇也。文王一怒而安天下之民。

「書曰：『天降下民，作之君，作之師，惟曰其助上帝寵之。四方有罪無罪惟我在，天下曷敢有越厥志？』一人衡行於天下，武王恥之。此武王之勇也。而武王亦一怒而安天下之民。今王亦一怒而安天下之民，民惟恐王之不好勇也。」

四

齊宣王見孟子於雪宮。王曰：「賢者亦有此樂乎？」

孟子對曰：「有。人不得，則非其上矣。不得而非其上者，非也；為民上而不與民同樂者，亦非也。樂民之樂者，民亦樂其樂；憂民之憂者，民亦憂其憂。樂以天下，憂以天下，然而不王者，未之有也。

「昔者齊景公問於晏子曰：『吾欲觀於轉附朝舞，遵海而南，放於琅邪，吾何修而可以比於先王觀也？』

「晏子對曰：『善哉問也！天子適諸侯曰巡狩。巡狩者，巡所守也。諸侯朝於天子曰述職。述職者，述所職也。無非事者。春省耕而補不足，秋省斂而助不給。夏諺曰：『吾王不游，吾何以休？吾王不豫，吾何以助？一遊一豫，為諸侯度。』今也不然：師行而糧食，饑者弗食，勞者弗息。睊睊胥讒，民乃作慝。方命虐民，飲食若流。流連荒亡，為諸侯憂。從流下而忘反謂之流，從流上而忘反謂之連，從獸無厭謂之荒，樂酒無厭謂之亡。先王無流連之樂，荒亡之行。惟君所行也。』

「景公說，大戒於國，出捨於郊。於是始興發補不足。召大師曰：『為我作君臣相說之樂！』蓋征招角招是也。其詩曰，『畜君何尤？』畜君者，好君也。

五

齊宣王問曰：「人皆謂我毀明堂，毀諸？已乎？」

孟子對曰：「夫明堂者，王者之堂也。王欲行王政，則勿毀之矣。」

王曰：「王政可得聞與？」

對曰：「昔者文王之治岐也，耕者九一，仕者世祿，關市譏而不征，澤梁無禁，罪人不孥。老而無妻曰鰥，老而無夫曰寡，老而無子曰獨，幼而無父曰孤。此四者，天下之窮民而無告者。文王發政施仁，必先斯四者。詩云，『哿矣富人，哀此煢獨。』」

王曰：「善哉言乎！」

曰：「王如善之，則何為不行？」

王曰：「寡人有疾，寡人好貨。」

對曰：「昔者公劉好貨，詩云：『乃積乃倉，乃裹餱糧，於橐於囊。思戢用光。弓矢斯張，干戈戚揚，爰方啟行。』故居者有積倉，行者有裹囊也，然後可以爰方啟行。王如好貨，與百姓同之，於王何有？

王曰：「寡人有疾，寡人好色。」

對曰：「昔者太王好色，愛厥妃。詩云：『古公亶父，來朝走馬，率西水滸，至於岐下，爰及姜女，聿來胥宇。』當是時也，內無怨女，外無曠夫。王如好色，與百姓同之，於王何有？

六

孟子謂齊宣王，曰：「王之臣有托其妻子於其友而之楚遊者，比其反也，則凍餒其妻子，則如之何？」

王曰：「棄之。」

曰：「士師不能治士，則如之何？」

王曰：「已之。」

曰：「四境之內不治，則如之何？」

王顧左右而言他。

七

孟子謂齊宣王，曰：「所謂故國者，非謂有喬木之謂也，有世臣之謂也。王無親臣矣，昔者所進，今日不知其亡也。」

王曰：「吾何以識其不才而捨之？」

曰：「國君進賢，如不得已，將使卑逾尊，疏逾戚，可不慎與？左右皆曰賢，未可也；諸大夫皆曰賢，未可也；國人皆曰賢，然後察之；見賢焉，然後用之。左右皆曰不可，勿聽；諸大夫皆曰不可，勿聽；國人皆曰不可，然後察之；見不可焉，然後去之。左右皆曰可殺，勿聽；諸大夫皆曰可殺，勿聽；國人皆曰可殺，然後察之，見可殺焉，然後殺之。故曰，國人殺之也。如此，然後可以為民父母。」

八

齊宣王問曰：「湯放桀，武王伐紂，有諸？」

孟子對曰：「於傳有之。」

曰：「臣弒其君，可乎？

曰：「賊仁者謂之『賊』，賊義者謂之『殘』。殘賊之人謂之『一夫』。聞誅一夫紂矣，未聞弒君也。

九

孟子見齊宣王，曰：「為巨室，則必使工師求大木。工師得大木，則王喜，以為能勝其任也。匠人斫而小之，則王怒，以為不勝其任矣。夫人幼而學之，壯而欲行之，王曰：『姑捨女所學而從我』，則何如？今有璞玉於此，雖萬鎰，必使玉人雕琢之。至於治國家，則曰：『姑捨女所學而從我』，則何以異於教玉人雕琢玉哉？」

十

齊人伐燕，勝之。宣王問曰：「或謂寡人勿取，或謂寡人取之。以萬乘之國伐萬乘之國，五旬而舉之，人力不至於此。不取，必有天殃。取之，何如？」

孟子對曰：「取之而燕民悅，則取之。古之人有行之者，武王是也。取之而燕民不悅，則勿取，古之人有行之者，文王是也。以萬乘之國伐萬乘之國，簞食壺漿以迎王師，豈有它哉？避水火也。如水益深，如火益熱，亦運而已矣。」

十一

齊人伐燕，取之。諸侯將謀救燕。宣王曰：「諸侯多謀伐寡人者，何以待之？」

孟子對曰：「臣聞七十里為政於天下者，湯是也。未聞以千里畏人者也。書曰：『湯一征，自葛始。』天下信之，東面而征，西夷怨；南面而征，北狄怨曰：『奚為後我？』民望之，若大旱之望雲霓也。歸市者不止，耕者不變。誅其君而吊其民，若時雨降。民大悅。書曰：『徯我後，後來其蘇。』今燕虐其民，王往而征之，民以為將拯己於水火之中也，簞食壺漿以迎王師。若殺其兄父，係累其子弟，毀其宗廟，遷其重器，如之何其可也？天下固畏齊之強也，今又倍地而不行仁政，是動天下之兵也。王速出令，反其旄倪，止其重器，謀於燕眾，置君而後去之，則猶可及止也。」

十二

鄒與魯鬨。穆公問曰：「吾有司死者三十三人，而民莫之死也。誅之，則不可勝誅；不誅，則疾視其長上之死而不救，如之何則可也？」

孟子對曰：「凶年饑歲，君之民老弱轉乎溝壑，壯者散而之四方者，幾千人矣；而君之倉廩實，府庫充，有司莫以告，是上慢而殘下也。曾子曰：『戒之戒之！出乎爾者，反乎爾者也。』夫民今而後得反之也。君無尤焉！

君行仁政，斯民親其上，死其長矣。

十三

滕文公問曰：「滕，小國也，間於齊、楚。事齊乎？事楚乎？」

孟子對曰：「是謀非吾所能及也。無已，則有一焉：鑿斯池也，築斯城也，與民守之，效死而民弗去，則是可為也。」

十四

滕文公問曰：「齊人將築薛，吾甚恐，如之何則可？」

孟子對曰：「昔者大王居邠，狄人侵之，去之岐山之下居焉。非擇而取之，不得已也。苟為善，後世子孫必有王者矣。君子創業垂統，為可繼也。若夫成功，則天也。君如彼何哉？強為善而已矣。」

十五

滕文公問曰：「滕，小國也；竭力以事大國，則不得免焉，如之何則可？」

孟子對曰：「昔者大王居邠，狄人侵之。事之以皮幣，不得免焉；事之以犬馬，不得免焉；事之以珠玉，不得免焉。乃屬其耆老而告之曰：『狄人之所欲者，吾土地也。吾聞之也：君子不以其所以養人者害人。二三子何患乎無君？我將去之。』去邠，逾梁山，邑於岐山之下居焉。邠人曰：『仁人也，不可失也。』從之者如歸市。

「或曰：『世守也，非身之所能為也。效死勿去。』

「君請擇於斯二者。」

十六

魯平公將出，嬖人臧倉者請曰：「他日君出，則必命有司所之。今乘輿已駕矣，有司未知所之，敢請。」

公曰：「將見孟子。」

曰：「何哉，君所為輕身以先於匹夫者？以為賢乎？禮義由賢者出；而孟子之後喪逾前喪。君無見焉！」

公曰：「諾。」

樂正子入見，曰：「君奚為不見孟軻也？」

曰：「或告寡人曰，『孟子之後喪逾前喪』，是以不往見也。」

曰：「何哉，君所謂逾者？前以士，後以大夫；前以三鼎，而後以五鼎與？」

曰：「否，謂棺槨衣衾之美也。」

曰：「非所謂逾也，貧富不同也。」

樂正子見孟子，曰：「克告於君，君為來見也。嬖人有臧倉者沮君，君是以不果來也。」

曰：「行或使之；止或尼之。行止，非人所能也。吾之不遇魯侯，天也。臧氏之子焉能使予不遇哉？」

公孫丑上

一

公孫丑問曰：「夫子當路於齊，管仲、晏子之功，可復許乎？」

孟子曰：「子誠齊人也，知管仲、晏子而已矣。或問乎曾西曰：『吾子與子路孰賢？』曾西蹴然曰：『吾先子之所畏也。』曰：『然則吾子與管仲孰賢？』曾西艴然不悅曰：『爾何曾比予於管仲？管仲得君如彼其專也，行乎國政如彼其久也，功烈如彼其卑也。爾何曾比予於是！』」曰：「管仲，曾西之所不為也，而子為我願之乎？」

曰：「管仲以其君霸，晏子以其君顯，管仲、晏子猶不足為與？」

曰：「以齊王由反手也。」

曰：「若是，則弟子之惑滋甚。且以文王之德，百年而後崩，猶未洽於天下；武王、周公繼之，然後大行。今言王若易然，則文王不足法與？」

曰：「文王何可當也？由湯至於武丁，賢聖之君六七作。天下歸殷久矣；久則難變也。武丁朝諸侯有天下，猶運之掌也。紂之去武丁未久也，其故家遺俗、流風善政，猶有存者；又有微子、微仲、王子比干、箕子、膠鬲，皆賢人也，相與輔相之，故久而後失之也。尺地莫非其有也，一民莫非其臣也；然而文王猶方百里起，是以難也。齊人有言曰：『雖有智慧，不如乘勢；雖有鎡基，不如待時。』今時則易然也。夏後、殷、周之盛，地未有過千里者也，而齊有其地矣；雞鳴狗吠相聞，而達乎四境，而齊有其民矣。地不改辟矣，民不改聚矣，行仁政而王，莫之能御也。且王者之不作，未有疏於此時者也；民之憔悴於虐政，未有甚於此時者也。饑者易為食，渴者易為飲。孔子曰：『德之流行，速於置郵而傳命。』當今之時，萬乘之國行仁政，民之悅之，猶解倒懸也。故事半古之人功必倍之，惟此時為然。」

二

公孫丑問曰：「夫子加齊之卿相，得行道焉，雖由此霸王不異矣。如此則動心否乎？」

孟子曰：「否，我四十不動心。」

曰：「若是則夫子過孟賁遠矣。」

曰：「是不難。告子先我不動心。」

曰：「不動心有道乎？」

曰：「有。北宮黝之養勇也，不膚撓，不目逃。思以一豪挫於人，若撻之於市朝。不受於褐寬博，亦不受於萬乘之君。視刺萬乘之君若刺褐夫。無嚴諸侯。惡聲至，必反之。孟施舍之所養勇也，曰：『視不勝猶勝也。量敵而後進，慮勝而後會，是畏三軍者也。舍豈能為必勝哉？能無懼而已矣。』孟施舍似曾子，北宮黝似子夏。夫二子之勇，未知其孰賢，然而孟施舍守約也。昔者曾子謂子襄曰：『子好勇乎？吾嘗聞大勇於夫子矣：自反而不縮，雖褐寬博，吾不惴焉；自反而縮，雖千萬人吾往矣。』孟施舍之守氣，又不如曾子之守約也。」

曰：「敢問夫子之不動心與告子之不動心，可得聞與？」

「告子曰：『不得於言，勿求於心；不得於心，勿求於氣。』不得於心，勿求於氣，可；不得於言，勿求於心，不可。夫志，氣之帥也；氣，體之充也。夫志至焉，氣次焉。故曰：持其志，無暴其氣。」

「既曰『志至焉，氣次焉』，又曰『持其志，無暴其氣』者，何也？」

曰：「志壹則動氣；氣壹則動志也。今夫蹶者趨者是氣也而反動其心。」

「敢問夫子惡乎長？」

曰：「我知言，我善養吾浩然之氣。」

「敢問何謂浩然之氣？」

曰：「難言也。其為氣也至大至剛，以直養而無害，則塞于天地之間。其為氣也配義與道，無是餒也。是集義所生者，非義襲而取之也。行有不慊於心則餒矣。我故曰：告子未嘗知義。以其外之也。必有事焉而勿正，心勿忘，勿助長也。無若宋人然。宋人有閔其苗之不長而揠之者，芒芒然歸，謂其人曰：『今日病矣，予助苗長矣。』其子趨而往視之，苗則槁矣。天下之不助苗長者寡矣。以為無益而舍之者，不耘苗者也。助之長者，揠苗者也，非徒無益，而又害之。」

「何謂知言？」

曰：「詖辭知其所蔽，淫辭知其所陷，邪辭知其所離，遁辭知其所窮。生於其心，害於其政；發於其政，害於其事。聖人復起，必從吾言矣。」

「宰我、子貢善為說辭，冉牛、閔子、顏淵善言德行；孔子兼之，曰：『我於辭命，則不能也。』然則夫子既聖矣乎？

曰：「惡！是何言也！昔者子貢問於孔子曰：『夫子聖矣乎？』孔子曰：『聖則吾不能，我學不厭而教不倦也。』子貢曰：『學不厭，智也；教不倦，仁也。仁且智，夫子既聖矣。』夫聖，孔子不居，是何言也！」

「昔者竊聞之：子夏、子游、子張皆有聖人之一體，冉牛、閔子、顏淵則具體而微，敢問所安。」

曰：「姑舍是。」

曰：「伯夷、伊尹何如？」

曰：「不同道。非其君不事，非其民不使，治則進，亂則退，伯夷也。何事非君？何使非民？治亦進，亂亦進，伊尹也。可以仕則仕，可以止則止，可以久則久，可以速則速，孔子也。皆古聖人也。吾未能有行焉，乃所願，則學孔子也。」

「伯夷、伊尹於孔子，若是班乎？」

曰：「否，自有生民以來，未有孔子也。」

「然則有同與？」

曰：「有，得百里之地而君之，皆能以朝諸侯有天下；行一不義、殺一不辜而得天下，皆不為也。是則同。」

曰：「敢問其所以異。」

曰：「宰我、子貢、有若，智足以知聖人，污不至阿其所好。宰我曰：『以予觀於夫子，賢於堯舜遠矣。』子貢曰：『見其禮而知其政，聞其樂而知其德。由百世之後，等百世之王，莫之能違也。自生民以來，未有夫子也。』有若曰：『豈惟民哉！麒麟之於走獸，鳳凰之於飛鳥，泰山之於丘垤，河海之於行潦，類也。聖人之於民，亦類也。出於其類，拔乎其萃。自生民以來，未有盛於孔子也。』

三

孟子曰：「以力假仁者霸，霸必有大國；以德行仁者王，王不待大，湯以七十里，文王以百里。以力服人者，非心服也，力不贍也；以德服人者，中心悅而誠服也，如七十子之服孔子也。《詩》云：『自西自東，自南自北，無思不服。』此之謂也。」

四

孟子曰：「仁則榮，不仁則辱。今惡辱而居不仁，是猶惡濕而居下也。如惡之，莫如貴德而尊士。賢者在位，能者在職；國家閑暇，及是時明其政刑，雖大國，必畏之矣。《詩》云：『迨天之未陰雨，徹彼桑土，綢繆牖戶。今此下民，或敢侮予？』孔子曰：『為此詩者，其知道乎！能治其國家，誰敢侮之？』今國家閑暇，及是時般樂怠敖，是自求禍也。禍福無不自己求之者。《詩》云：『永言配命，自求多福。』《太甲》曰：『天作孽，猶可違；自作孽，不可活』，此之謂也。」

五

孟子曰：「尊賢使能，俊杰在位，則天下之士皆悅而願立於其朝矣。市，廛而不征，法而不廛，則天下之商皆悅而願藏於其市矣。關，譏而不征，則天下之旅皆悅而願出於其路矣。耕者，助而不稅，則天下之農皆悅而願耕於其野矣。廛，無夫里之布，則天下之民皆悅而願為之氓矣。信能行此五者，則鄰國之民仰之若父母矣。率其子弟攻其父母，自有生民以來未有能濟者也。如此則無敵於天下。無敵於天下者，天吏也。然而不王者，未之有也。

六

孟子曰：「人皆有不忍人之心。先王有不忍人之心，斯有不忍人之政矣。以不忍人之心，行不忍人之政，治天下可運之掌上。所以謂人皆有不忍人之心者，今人乍見孺子將入於井，皆有怵惕惻隱之心；非所以內交於孺子之父母也，非所以要譽於鄉黨朋友也，非惡其聲而然也。由是觀之，無惻隱之心，非人也。無羞惡之心，非人也。無辭讓之心，非人也。無是非之心，非人也。惻隱之心，仁之端也；羞惡之心，義之端也；辭讓之心，禮之端也；是非之心，智之端也。人之有是四端也，猶其有四體也。有是四端而自謂不能者，自賊者也；謂其君不能者，賊其君者也。凡有四端於我者，知皆擴而充之矣，若火之始然、泉之始達。苟能充之，足以保四海；苟不充之，不足以事父母。

七

孟子曰：「矢人豈不仁於函人哉？矢人惟恐不傷人，函人惟恐傷人。巫匠亦然。故術不可不慎也。孔子曰：『里仁為美。擇不處仁，焉得智？』夫仁，天之尊爵也，人之安宅也。莫之御而不仁，是不智也。不仁不智，無禮無義，人役也。人役而恥為役，由弓人而恥為弓、矢人而恥為矢也。如恥之，莫如為仁。仁者如射：射者正己而後發；發而不中，不怨勝己者，反求諸己而已矣。」

八

孟子曰：「子路，人告之以有過則喜。禹聞善言則拜。大舜有大焉，善與人同，舍己從人，樂取於人以為善。自耕、稼、陶、漁，以至為帝，無非取於人者。取諸人以為善，是與人為善者也。故君子莫大乎與人為善。」

九

孟子曰：「伯夷非其君不事，非其友不友。不立於惡人之朝，不與惡人言；立於惡人之朝，與惡人言，如以朝衣朝冠坐於涂炭。推惡惡之心，思與鄉人立，其冠不正，望望然去之，若將浼焉。是故諸侯雖有善其辭命而至者，不受也。不受也者，是亦不屑就已。柳下惠不羞污君，不卑小官。進不隱賢，必以其道。遺佚而不怨，厄窮而不憫。故曰：『爾為爾，我為我；雖袒裼裸裎於我側，爾焉能浼我哉！』故由由然與之偕而不自失焉，援而止之而止。援而止之而止者，是亦不屑去已。」孟子曰：「伯夷隘，柳下惠不恭。隘與不恭，君子不由也。

公孫丑下

孟子曰：「天時不如地利，地利不如人和。三里之城，七里之郭，環而攻之而不勝；夫環而攻之，必有得天時者矣，然而不勝者，是天時不如地利也。城非不高也，池非不深也，兵革非不堅利也，米粟非不多也，委而去之，是地利不如人和也。故曰：域民不以封疆之界，固國不以山溪之險，威天下不以兵革之利。得道者多助，失道者寡助。寡助之至，親戚畔之；多助之至，天下順之。以天下之所順，攻親戚之所畔，故君子有不戰，戰必勝矣。」

孟子將朝王。王使人來曰：「寡人如就見者也，有寒疾，不可以風；朝將視朝，不識可使寡人得見乎？」對曰：「不幸而有疾，不能造朝。」明日出吊於東郭氏。公孙丑曰：「昔者辭以病，今日吊，或者不可乎？」曰：「昔者疾，今日愈，如之何不吊？」王使人問疾，醫來。孟仲子對曰：「昔者有王命，有采薪之憂，不能造朝。今病小愈，趨造於朝；我不識能至否乎？」使數人要於路曰：「請必無歸，而造於朝。」不得已而之景丑氏宿焉。

景子曰：「內則父子，外則君臣，人之大倫也。父子主恩，君臣主敬。丑見王之敬子也，未見所以敬王也。」曰：「惡！是何言也！齊人無以仁義與王言者，豈以仁義為不美也？其心曰『是何足與言仁義也』云爾，則不敬莫大乎是。我非堯舜之道不敢以陳於王前，故齊人莫如我敬王也。」景子曰：「否，非此之謂也。《禮》曰：『父召無諾；君命召，不俟駕。』固將朝也，聞王命而遂不果，宜與夫禮若不相似然。」曰：「豈謂是與？曾子曰：『晉楚之富，不可及也。彼以其富，我以吾仁；彼以其爵，我以吾義，吾何慊乎哉？』夫豈不義而曾子言之？是或一道也。天下有達尊三：爵一，齒一，德一。朝廷莫如爵，鄉黨莫如齒，輔世長民莫如德。惡得有其一，以慢其二哉？故將大有為之君，必有所不召之臣；欲有謀焉則就之。其尊德樂道，不如是不足以有為也。故湯之於伊尹，學焉而後臣之，故不勞而王；桓公之於管仲，學焉而後臣之，故不勞而霸；今天下地醜德齊，莫能相尚。無他，好臣其所教，而不好臣其所受教。湯之於伊尹，桓公之於管仲，則不敢召；管仲且猶不可召，而況不為管仲者乎？」

陳臻問曰：「前日於齊，王餽兼金一百而不受；於宋，餽七十鎰而受；於薛，餽五十鎰而受。前日之不受是，則今日之受非也；今日之受是，則前日之不受非也；夫子必居一於此矣。」孟子曰：「皆是也。當在宋也，予將有遠行；行者必以贐，辭曰『餽贐』，予何為不受？當在薛也，予有戒心，辭曰『聞戒故為兵餽之』，予何為不受？若於齊則未有處也。無處而餽之，是貨之也；焉有君子而可以貨取乎？」

孟子之平陸，謂其大夫曰：「子之持戟之士，一日而三失伍，則去之否乎？」曰：「不待三。」「然則子之失伍也亦多矣。兇年饑歲，子之民老羸轉於溝壑，壯者散而之四方者幾千人矣。」曰：「此非距心之所得為也。」曰：「今有受人之牛羊而為之牧之者，則必為之求牧與芻矣。求牧與芻而不得，則反諸其人乎？抑亦立而視其死與？」曰：「此則距心之罪也。」他日見於王曰：「王之為都者，臣知五人焉。知其罪者，惟孔距心。為王誦之。」王曰：「此則寡人之罪也。

孟子謂蚳蛙曰：「子之辭靈丘而請士師，似也，為其可以言也。今既數月矣，未可以言與？」蚳蛙諫於王而不用，致為臣而去。齊人曰：「所以為蚳蛙，則善矣；所以自為，則吾不知也。」公都子以告。曰：「吾聞之也：有官守者，不得其職則去；有言責者，不得其言則去。我無官守，我無言責也，則吾進退豈不綽綽然有餘裕哉？

孟子為卿於齊，出吊於滕，王使蓋大夫王驩為輔行。王驩朝暮見，反齊、滕之路，未嘗與之言行事也。公孫丑曰：「齊卿之位，不為小矣；齊、滕之路，不為近矣。反之而未嘗與言行事，何也？」曰：「夫既或治之，予何言哉？」

孟子自齊葬於魯。反於齊，止於嬴。充虞請曰：「前日不知虞之不肖，使虞敦匠事；嚴，虞不敢請。今愿竊有請也：木若以美然。」曰：「古者棺椁無度，中古棺七寸、椁稱之，自天子達於庶人。非直為觀美也，然後盡於人心。不得，不可以為悅；無財，不可以為悅。得之為有財。古之人皆用之，吾何為獨不然？且比化者，無使土親膚，於人心獨無恔乎？吾聞之君子：不以天下儉其親。」

沈同以其私問曰：「燕可伐與？」孟子曰：「可。子噲不得與人燕，子之不得受燕於子噲。有仕於此，而子悅之，不告於王，而私與之吾子之祿爵；夫士也，亦無王命而私受之於子，則可乎？何以異於是？」齊人伐燕。或問曰：「勸齊伐燕，有諸？」曰：「未也。沈同問：『燕可伐與？』吾應之曰：『可。』彼然而伐之也。彼如曰：『孰可以伐之？』則將應之曰：『為天吏則可以伐之。』今有殺人者，或問之曰：『人可殺與？』則將應之曰：『可。』彼如曰：『孰可以殺之？』則將應之曰：『為士師則可以殺之。』今以燕伐燕，何為勸之哉？」

燕人畔，王曰：「吾甚慚於孟子。」陳賈曰：「王無患焉，王自以為與周公，孰仁且智？」王曰：「惡！是何言也！」曰：「周公使管叔監殷，管叔以殷畔。知而使之，是不仁也；不知而使之，是不智也。仁智，周公未之盡也，而況於王乎？賈請見而解之。」見孟子問曰：「周公何人也？」曰：「古聖人也。」曰：「使管叔監殷，管叔以殷畔也，有諸？」曰：「然。」曰：「周公知其將畔而使之與？」曰：「不知也。」•然則聖人且有過與？」曰：「周公，弟也；管叔，兄也。周公之過，不亦宜乎？且古之君子，過則改之；今之君子，過則順之。古之君子，其過也如日月之食，民皆見之；及其更也，民皆仰之。今之君子，豈徒順之？又從為之辭。」

孟子致為臣而歸，王就見孟子曰：「前日愿見而不可得，得侍同朝甚喜。今又棄寡人而歸，不識可以繼此而得見乎？」對曰：「不敢請耳，固所愿也。」他日王謂時子曰：「我欲中國而授孟子室，養弟子以萬鐘，使諸大夫國人皆有所矜式。子盍為我言之？」時子因陳子而以告孟子；陳子以時子之言告孟子。孟子曰：「然。夫時子惡知其不可也？如使予欲富，辭十萬而受萬，是為欲富乎？季孫曰：『異哉子叔疑！使己為政，不用，則亦已矣，又使其子弟為卿。人亦孰不欲富貴？而獨於富貴之中有私龍斷焉。』古之為市也，以其所有易其所無者，有司者治之耳。有賤丈夫焉，必求龍斷而登之，以左右望而罔市利。人皆以為賤，故從而征之。征商自此賤丈夫始矣。」

孟子去齊，宿於晝。有欲為王留行者，坐而言。不應，隱几而臥。客不悅曰：「弟子齊宿而後敢言；夫子臥而不聽；請勿復敢見矣。」曰：「坐。我明語子：昔者魯繆公無人乎子思之側，則不能安子思；泄柳、申詳無人乎繆公之側，則不能安其身。子為長者慮，而不及子思。子絕長者乎？長者絕子乎？

孟子去齊，尹士語人曰：「不識王之不可以為湯、武，則是不明也；識其不可然且至，則是干澤也。千里而見王，不遇故去；三宿而後出晝，是何濡滯也！士則茲不悅。」高子以告。曰：「夫尹士惡知予哉？千里而見王，是予所欲也。不遇故去，豈予所欲哉？予不得已也。予三宿而出晝，於予心猶以為速。王庶幾改之！王如改諸，則必反予。夫出晝而王不予追也，予然後浩然有歸志。予雖然，豈舍王哉？王由足用為善；王如用予，則豈徒齊民安？天下之民舉安。王庶幾改之！予日望之！予豈若是小丈夫然哉！諫於其君而不受，則怒，悻悻然見於其面，去則窮日之力而後宿哉？」尹士聞之，曰：「士誠小人也。」

孟子去齊，充虞路問曰：「夫子若有不豫色然。前日虞聞諸夫子曰：『君子不怨天，不尤人。』」曰：「彼一時，此一時也。五百年必有王者興，其間必有名世者。由周而來，七百有餘歲矣；以其數則過矣，以其時考之則可矣。夫天，未欲平治天下也，如欲平治天下，當今之世，舍我其誰也？吾何為不豫哉？

孟子去齊居休。公孫丑問曰：「仕而不受祿，古之道乎？」曰：「非也。於崇，吾得見王；退而有去志，不欲變，故不受也。繼而有師命，不可以請。久於齊，非我志也。」

滕文公上

滕文公為世子，將之楚，過宋而見孟子。孟子道性善，言必稱堯舜。世子自楚反，復見孟子。孟子曰：「世子疑吾言乎？夫道一而已矣。成覸謂齊景公曰：『彼丈夫也，我丈夫也，吾何畏彼哉？』顏淵曰：『舜何人也？予何人也？有為者亦若是。』公明儀曰：『文王我師也，周公豈欺我哉？』今滕絕長補短，將五十里也，猶可以為善國。《書》曰：『若藥不瞑眩，厥疾不瘳。』

滕定公薨，世子謂然友曰：「昔者孟子嘗與我言於宋，於心終不忘。今也不幸至於大故，吾欲使子問於孟子，然後行事。」然友之鄒，問於孟子。孟子曰：「不亦善乎！親喪固所自盡也。曾子曰：『生，事之以禮；死，葬之以禮，祭之以禮，可謂孝矣。』諸侯之禮，吾未之學也。雖然，吾嘗聞之矣：三年之喪，齋疏之服，飦粥之食，自天子達於庶人，三代共之。」然友反命，定為三年之喪。父兄百官皆不欲也，故曰：「吾宗國魯先君莫之行，吾先君亦莫之行也；至於子之身而反之，不可。且《志》曰：『喪祭從先祖。』」曰：「吾有所受之也。」謂然友曰：「吾他日未嘗學問，好馳馬試劍。今也父兄百官不我足也；恐其不能盡於大事。子為我問孟子。」然友復之鄒，問孟子。孟子曰：「然，不可以他求者也。孔子曰：『君薨，聽於冢宰，飦粥，面深墨，即位而哭。百官有司，莫敢不哀，先之也。上有好者，下必有甚焉者矣。君子之德，風也；小人之德，草也。草上之風必偃。』。在世子。」然友反命。世子曰：「然，是誠在我。」五月居廬，未有命戒。百官族人，可謂曰知。及至葬，四方來觀之。顏色之戚，哭泣之哀，吊者大悅。

滕文公問為國。孟子曰：「民事不可緩也。《詩》云：『晝爾于茅，宵爾索綯。亟其乘屋，其始播百里。』民之為道也，有恒產者有恒心，無恒產者無恒心。苟無恒心，放僻邪侈，無不為已。及陷乎罪然後從而刑之，是罔民也。焉有仁人在位罔民而可為也？是故賢君必恭儉禮下，取於民有制。陽虎曰：『為富不仁矣；為仁不富矣。』夏後氏五十而貢，殷人七十而助，周人百畝而徹。其實皆什一也。徹者徹也，助者藉也。龍子曰：『治地莫善於助，莫不善於貢。貢者校數歲之中以為常。樂歲粒米狼戾，多取之而不為虐，則寡取之；兇年糞其田而不足，則必取盈焉。為民父母，使民盻盻然，將終歲勤動，不得以養其父母，又稱貸而益之，使老稚轉乎溝壑，惡在其為民父母也？』夫世祿滕固行之矣。《詩》云：『雨我公田，遂及我私。』惟助為有公田。由此觀之，雖周亦助也。設為庠序學校以教之。庠者養也，校者教也，序者射也。夏曰校，殷曰序，周曰庠，學則三代共之，皆所以明人倫也。人倫明於上，小民親於下。有王者起，必來取法，是為王者師也。《詩》云：『周雖舊邦，其命維新。』文王之謂也。子力行之，亦以新子之國。

使畢戰問井地。孟子曰：「子之君將行仁政，選擇而使子，子必勉之。夫仁政必自經界始。經界不正，井地不均，穀祿不平。是故暴君汙吏必慢其經界。經界既正，分田制祿，可坐而定也。夫滕壤地褊小，將為君子焉，將為野人焉。無君子莫治野人，無野人莫養君子。請野九一而助，國中什一使自賦。卿以下必有圭田。圭田五十畝，餘夫二十五畝。死徙無出鄉，鄉田同井，出入相友，守望相助，疾病相扶持，則百姓親睦。方里而井；井九百畝，其中為公田。八家皆私百畝，同養公田。公事畢，然後敢治私事，所以別野人也。此其大略也。若夫潤澤之，則在君與子矣。

有為神農之言者許行，自楚之滕，踵門而告文公，曰：「遠方之人，聞君行仁政，願受一廛而為氓。」文公與之處。其徒數十人，皆衣褐，捆屨、織席以為食。陳良之徒陳相與其弟辛，負耒耜而自宋之滕。曰：「聞君行聖人之政，是亦聖人也，願為聖人氓。」陳相見許行而大悅，盡棄其學而學焉。

陳相見孟子，道許行之言曰：「滕君則誠賢君也；雖然，未聞道也。賢者與民并耕而食，饔飧而治。今也滕有倉廩府庫，則是厲民而以自養也，惡得賢？」孟子曰：「許子必種粟而後食乎？」曰：「然。」「許子必織布而後衣乎？」曰：「否，許子衣褐。」「許子冠乎？」曰：「冠。」曰：「奚冠？」曰：「冠素。」曰：「自織之與？」曰：「否，以粟易之。」曰：「許子奚為不自織？」曰：「害於耕。」曰：「許子以釜甑爨、以鐵耕乎？」曰：「然。」「自為之與？」曰：「否，以粟易之。」「以粟易械器者，不為厲陶冶；陶冶亦以械器易粟者，豈為厲農夫哉？且許子何不為陶冶，舍皆取諸其宮中而用之？何為紛紛然與百工交易？何許子之不憚煩？」曰：「百工之事，固不可耕且為也。」「然則治天下獨可耕且為與？有大人之事，有小人之事。且一人之身，而百工之所為備。如必自為而後用之，是率天下而路也。故曰：或勞心，或勞力。勞心者治人，勞力者治於人。治於人者食人，治人者食於人——天下之通義也。

「當堯之時，天下猶未平，洪水橫流，泛濫於天下；草木暢茂，禽獸繁殖；五穀不登，禽獸逼人；獸蹄鳥跡之道，交於中國。堯獨憂之，舉舜而敷治焉。舜使益掌火；益烈山澤而焚之，禽獸逃匿。禹疏九河，瀹濟、漯而注諸海；決汝、漢，排淮、泗，而注之江，然後中國可得而食也。當是時也，禹八年於外，三過其門而不入，雖欲耕，得乎？后稷教民稼穡，樹藝五穀，五穀熟而民人育。人之有道也，飽食暖衣，逸居而無教，則近於禽獸。聖人有憂之，使契為司徒，教以人倫：父子有親，君臣有義，夫婦有別，長幼有序，朋友有信。放勛曰：『勞之來之、匡之直之、輔之翼之，使自得之；又從而振德之。』聖人之憂民如此，而暇耕乎？堯以不得舜為己憂；舜以不得禹、皋陶為己憂。夫以百畝之不易為己憂者，農夫也。分人以財謂之惠，教人以善謂之忠，為天下得人者謂之仁。是故以天下與人易，為天下得人難。孔子曰：『大哉，堯之為君！惟天為大，惟堯則之。蕩蕩乎民無能名焉！君哉舜也！巍巍乎有天下而不與焉！』堯舜之治天下，豈無所用其心哉？亦不用於耕耳。

「吾聞用夏變夷者，未聞變於夷者也。陳良，楚產也；悅周公、仲尼之道，北學於中國，北方之學者，未能或之先也。彼所謂豪杰之士也。子之兄弟事之數十年，師死而遂倍之。昔者孔子沒，三年之外，門人治任將歸，入揖於子貢，相⊠而哭，皆失聲，然後歸。子貢反，筑室於場，獨居三年，然後歸。他日子夏、子張、子游以有若似聖人，欲以所事孔子事之，強曾子。曾子曰：『不可，江漢以濯之，秋陽以暴之，皜皜乎不可尚已。』今也南蠻鴃舌之人，非先王之道，子倍子之師而學之，亦異於曾子矣。吾聞出於幽穀、遷于喬木者，未聞下喬木而入於幽穀者。魯頌曰：『戎狄是膺，荊舒是懲。』周公方且膺之，子是之學，亦為不善變矣。」

「從許子之道，則市賈不貳，國中無偽；雖使五尺之童適市，莫之或欺。布帛長短同，則賈相若；麻縷絲絮輕重同，則賈相若；五穀多寡同，則賈相若；屨大小同，則賈相若。」曰：「夫物之不齊，物之情也。或相倍蓰，或相什百，或相千萬；子比而同之，是亂天下也。巨屨小屨同賈，人豈為之哉？從許子之道，相率而為偽者也，惡能治國家？」

墨者夷之，因徐辟而求見孟子。孟子曰：「吾固愿見，今吾尚病，病愈，我且往見。」夷子不來。他日又求見孟子。孟子曰：「吾今則可以見矣。不直則道不見，我且直之。吾聞夷子墨者，墨之治喪也，以薄為其道也。夷子思以易天下，豈以為非是而不貴也？然而夷子葬其親厚，則是以所賤事親也。」徐子以告夷子。夷子曰：「儒者之道，古之人『若保赤子』，此言何謂也？之則以為愛無差等，施由親始。」徐子以告孟子。孟子曰：「夫夷子信以為人之親其兄之子為若親其鄰之赤子乎？彼有取爾也。赤子匍匐將入井，非赤子之罪也。且天之生物也使之一本，而夷子二本故也。蓋上世嘗有不葬其親者，其親死則舉而委之於壑。他日過之，狐貍食之，蠅蚋姑嘬之。其顙有泚，睨而不視。夫泚也，非為人泚，中心達於面目。蓋歸反虆梩而掩之，掩之誠是也。則孝子仁人之掩其親，亦必有道矣。」徐子以告夷子。夷子憮然為間曰：「命之矣。」

滕文公下

陳代曰：「不見諸侯，宜若小然。今一見之，大則以王，小則以霸。且《志》曰：『枉尺而直尋。』宜若可為也。」孟子曰：「昔齊景公田，招虞人以旌，不至，將殺之。『志士不忘在溝壑，勇士不忘喪其元。』孔子奚取焉？取非其招不往也。如不待其招而往，何哉？且夫枉尺而直尋者，以利言也。如以利，則枉尋直尺而利，亦可為與？昔者趙簡子使王良與嬖奚乘，終日而不獲一禽。嬖奚反命曰：『天下之賤工也。』或以告王良，良曰：『請復之。』強而後可，一朝而獲十禽。嬖奚反命曰：『天下之良工也。』簡子曰：『我使掌與女乘。』謂王良。良不可，曰：『吾為之范，我馳驅，終日不獲一；為之詭遇，一朝而獲十。《詩》云：「不失其馳，舍矢如破。」我不貫與小人乘，請辭。』御者且羞與射者比。比而得禽獸，雖若丘陵，弗為也。如枉道而從彼，何也？且子過矣，枉己者，未有能直人者也。」

景春曰：「公孫衍、張儀豈不誠大丈夫哉？一怒而諸侯懼，安居而天下熄。」孟子曰：「是焉得為大丈夫乎？子未學禮乎？丈夫之冠也，父命之；女子之嫁也，母命之，往送之門，戒之曰：『往之女家，必敬必戒，無違夫子。』以順為正者，妾婦之道也。居天下之廣居，立天下之正位，行天下之大道；得志與民由之，不得志，獨行其道；富貴不能淫，貧賤不能移，威武不能屈——

此之謂大丈夫。」

周霄問曰：「古之君子仕乎？」孟子曰：「仕。傳曰：『孔子三月無君，則皇皇如也。出疆必載質。』公明儀曰：『古之人三月無君則吊。』」「三月無君則吊，不以急乎？」曰：「士之失位也，猶諸侯之失國家也。《禮》曰：『諸侯耕助，以供粢盛。夫人蠶繅，以為衣服。犧牲不成，粢盛不潔，衣服不備，不敢以祭。惟士無田，則亦不祭。』牲殺器皿衣服不備，不敢以祭，則不敢以宴，亦不足吊乎？」「出疆必載質，何也？」曰：「士之仕也，猶農夫之耕也。農夫豈為出疆舍其耒耜哉？」曰：「晉國亦仕國也，未嘗聞仕如此其急。仕如此其急也，君子之難仕，何也？」曰：「丈夫生而愿為之有室，女子生而愿為之有家。父母之心，人皆有之。不待父母之命、媒妁之言，鉆穴隙相窺，逾墻相從，則父母、國人皆賤之。古之人未嘗不欲仕也，又惡不由其道。不由其道而往者，與鉆穴隙之類也。」

彭更問曰：「後車數十乘，從者數百人，以傳食於諸侯，不以泰乎？」孟子曰：「非其道，則一簞食不可受於人。如其道，則舜受堯之天下，不以為泰，子以為泰乎？」曰：「否。士無事而食，不可也。」曰：「子不通功易事，以羨補不足，則農有餘粟，女有餘布。子如通之，則梓匠輪輿皆得食於子。於此有人焉；入則孝，出則悌，守先王之道，以待後之學者，而不得食於子。子何尊梓匠輪輿而輕為仁義者哉？」曰：「梓匠輪輿，其志將以求食也。君子之為道也，其志亦將以求食與？」曰：

「子何以其志為哉？其有功於子，可食而食之矣。且子食志乎？食功乎？」曰：「食志。」曰：「有人於此，毀瓦畫墁，其志將以求食也，則子食之乎？」曰：「否。」曰：「然則子非食志也，食功也。」

萬章問曰：「宋，小國也，今將行王政，齊楚惡而伐之，則如之何？」孟子曰：「湯居亳，與葛為鄰。葛伯放而不祀，湯使人問之曰：『何為不祀？』曰：『無以供犧牲也。』湯使遺之牛羊，葛伯食之，又不以祀。湯又使人問之曰：『何為不祀？』曰：『無以供粢盛也。』湯使亳眾往為之耕，老弱饋食。葛伯率其民，要其有酒食黍稻者奪之，不授者殺之。有童子以黍肉餉，殺而奪之。《書》曰：『葛伯仇餉』，此之謂也。為其殺是童子而征之，四海之內皆曰：『非富天下也，為匹夫匹婦復讎也。』湯始征，自葛載。十一征而無敵於天下。東面而征，西夷怨；南面而征，北狄怨，曰：『奚為後我？』民之望之若大旱之望雨也。歸市者弗止，芸者不變。誅其君，吊其民，如時雨降，民大悅。《書》曰：『徯我後，後來其無罰。』『有攸不為臣，東征，綏厥士女。篚厥玄黃，紹我周王見休，惟臣附于大邑周。』其君子實玄黃于篚以迎其君子，其小人簞食壺漿以迎其小人。救民於水火之中，取其殘而已矣。《太誓》曰：『我武惟揚，侵于之疆。則取于殘，殺伐用張，于湯有光。』不行王政云爾；苟行王政，四海之內皆舉首而望之，欲以為君。齊楚雖大，何畏焉？

孟子謂戴不勝曰：「子欲子之王之善與？我明告子：有楚大夫於此，欲其子之齊語也，則使齊人傅諸？使楚人傅諸？」曰：「使齊人傅之。」曰：「一齊人傅之，眾楚人咻之，雖日撻而求其齊也，不可得矣。引而置之莊岳之間數年，雖日撻而求其楚，亦不可得矣。子謂薛居州，善士也，使之居於王所。在於王所者，長幼卑尊皆薛居州也，王誰與為不善？在王所者，長幼卑尊皆非薛居州也，王誰與為善？一薛居州，獨如宋王何？」

公孫丑問曰：「不見諸侯，何義？」孟子曰：「古者不為臣不見。段干木逾垣而辟之，泄柳閉門而不納。是皆已甚；迫，斯可以見矣。陽貨欲見孔子，而惡無禮。大夫有賜於士，不得受於其家，則往拜其門。陽貨矙孔子之亡也，而饋孔子蒸豚，孔子亦矙其亡也而往拜之。當是時，陽貨先，豈得不見？曾子曰：『脅肩諂笑，病于夏畦。』子路曰：『未同而言，觀其色，赧赧然，非由之所知也。』由是觀之，則君子之所養，可知已矣。」

戴盈之曰：「什一，去關市之征，今茲未能。請輕之，以待來年，然後已，何如？」孟子曰：「今有人日攘其鄰之雞者，或告之曰：『是非君子之道。』曰：『請損之，月攘一雞；以待來年，然後已。』如知其非義，斯速已矣，何待來年？」

公都子曰：「外人皆稱夫子好辯，敢問何也？」孟子曰：「予豈好辯哉？予不得已也。天下之生久矣，一治一亂。當堯之時，水逆行，氾濫於中國。蛇龍居之，民無所定。下者為巢，上者為營窟。《書》曰：『洚水警餘。』洚水者，洪水也。使禹治之。禹掘地而注之海，驅蛇龍而放之菹，水由地中行，江、淮、河、漢是也。險阻既遠，鳥獸之害人者消，然後人得平土而居之。堯舜既沒，聖人之道衰。暴君代作，壞宮室以為污池，民無所安息；棄田以為園囿，使民不得衣食。邪說暴行又作。園囿污地沛澤多，而禽獸至。及紂之身，天下又大亂。周公相武王，誅紂、伐奄，三年討其君；驅飛廉於海隅而戮之；滅國者五十；驅虎豹犀象而遠之。天下大悅。《書》曰：『丕顯哉文王謨！丕承哉武王烈！佑啟我後人，咸以正無缺。』

「世衰道微，邪說暴行有作。臣弒其君者有之，子弒其父者有之。孔子懼，作《春秋》。《春秋》，天子之事也。是故孔子曰：『知我者，其惟《春秋》乎！罪我者，其惟《春秋》乎！』聖王不作，諸侯放恣，處士橫議。楊朱、墨翟之言盈天下。天下之言，不歸楊則歸墨。楊氏為我，是無君也。墨氏兼愛，是無父也。無父無君，是禽獸也。公明儀曰：『庖有肥肉，廄有肥馬，民有饑色，野有餓莩，此率獸而食人也。』楊墨之道不息，孔子之道不著，是邪說誣民、充塞仁義也。仁義充塞，則率獸食人，人將相食。吾為此懼，閑先聖之道，距楊墨、放淫辭，邪說者不得作。作於其心，害於其事；作於其事，害於其政。聖人復起，不易吾言矣。昔者禹抑洪水而天下平，周公兼夷狄、驅猛獸而百姓寧，孔子成《春秋》而亂臣賊子懼。《詩》云：『戎狄是膺，荊舒是懲；則莫我敢承。』無父無君，是周公所膺也。我亦欲正人心、息邪說、距詖行、放淫辭，以承三聖者。豈好辯哉？予不得已也。能言距楊墨者，聖人之徒也。

匡章曰：「陳仲子豈不誠廉士哉？居於陵，三日不食，耳無聞，目無見也。井上有李，螬食實者過半矣，匍匐往將食之，三咽，然後耳有聞、目有見。」孟子曰：「於齊國之士，吾必以仲子為巨擘焉。雖然，仲子惡能廉？充仲子之操，則蚓而後可者也。夫蚓上食槁壤，下飲黃泉。仲子所居之室，伯夷之所筑與？抑亦盜跖之所筑與？所食之粟，伯夷之所樹與？抑亦盜跖之所樹與？是未可知也。」曰：「是何傷哉？彼身織屨、妻辟纑，以易之也。」曰：「仲子，齊之世家也。兄戴，蓋祿萬鍾。以兄之祿為不義之祿而不食也，以兄之室為不義之室而不居也，避兄、離母，處於於陵。他日歸，則有饋其兄生鵝者，己頻戚曰：『惡用是鶂鶂者為哉？』他日其母殺是鵝也，與之食之。其兄自外至，曰：『是鶂鶂之肉也。』出而哇之。以母則不食，以妻則食之；以兄之室則弗居，以於陵則居之。是尚為能充其類也乎？若仲子者，蚓而後充其操者也。」

離婁上

孟子曰：「離婁之明，公輸子之巧，不以規矩，不能成方員。師曠之聰，不以六律，不能正五音。堯舜之道，不以仁政，不能平治天下。今有仁心仁聞而民不被其澤，不可法於後世者，不行先王之道也。故曰：徒善不足以為政，徒法不能以自行。《詩》云：『不愆不忘，率由舊章。』遵先王之法而過者，未之有也。聖人既竭目力焉，繼之以規矩準繩，以為方員平直，不可勝用也。既竭耳力焉，繼之以六律正五音，不可勝用也。既竭心思焉，繼之以不忍人之政而仁覆天下矣。故曰：為高必因丘陵，為下必因川澤。為政不因先王之道，可謂智乎？是以惟仁者宜在高位。不仁而在高位，是播其惡於眾也。上無道揆也，下無法守也；朝不信道，工不信度；君子犯義，小人犯刑，國之所存者幸也。故曰：城郭不完，兵甲不多，非國之災也。田野不辟，貨財不聚，非國之害也。上無禮，下無學，賊民興，喪無日矣。《詩》曰：『天之方蹶，無然泄泄。』泄泄猶沓沓也。事君無義，進退無禮，言則非先王之道者，猶沓沓也。故曰：責難於君謂之恭，陳善閉邪謂之敬，吾君不能謂之賊。」

孟子曰：「規矩，方員之至也。聖人，人倫之至也。欲為君，盡君道；欲為臣，盡臣道，二者皆法堯舜而已矣。不以舜之所以事堯事君，不敬其君者也；不以堯之所以治民治民，賊其民者也。孔子曰：『道二，仁與不仁而已矣。』暴其民甚，則身弒國亡，不甚，則身危國削，名之曰『幽』、『厲』，雖孝子慈孫，百世不能改也。《詩》云：『殷鑒不遠，在夏後之世。』此之謂也。

孟子曰：「三代之得天下也以仁，其失天下也以不仁。國之所以廢興存亡者亦然。天子不仁，不保四海；諸侯不仁，不保社稷；卿大夫不仁，不保宗廟；士庶人不仁，不保四體。今惡死亡而樂不仁，是由惡醉而強酒。」

孟子曰：「愛人不親，反其仁；治人不治，反其智；禮人不答，反其敬。行有不得者，皆反求諸己。其身正而天下歸之。《詩》云：『永言配命，自求多福。』」

孟子曰：「人有恒言，皆曰『天下國家』，天下之本在國，國之本在家，家之本在身。」

孟子曰：「為政不難，不得罪於巨室。巨室之所慕，一國慕之；一國之所慕，天下慕之。故沛然德教，溢乎四海。」

孟子曰：「天下有道，小德役大德，小賢役大賢。天下無道，小役大，弱役強，斯二者，天也。順天者存，逆天者亡。齊景公曰：『既不能令，又不受命，是絕物也。』涕出而女於吳。今也小國師大國，而恥受命焉，是猶弟子而恥受命於先師也。如恥之，莫若師文王，師文王，大國五年，小國七年，必為政於天下矣。《詩》云：『商之孫子，其麗不億。上帝既命，侯于周服。侯服于周，天命靡常。殷士膚敏，祼將于京。』孔子曰：『仁不可為眾也夫！國君好仁，天下無敵。』今也欲無敵於天下，而不以仁，是猶執熱而不以濯也。《詩》云：『誰能執熱，逝不以濯？』」

孟子曰：「不仁者，可與言哉？安其危而利其菑，樂其所以亡者。不仁而可與言，則何亡國敗家之有？有孺子歌曰：『滄浪之水清兮，可以濯我纓；滄浪之水濁兮，可以濯我足。』孔子曰：『小子聽之！清斯濯纓，濁斯濯足矣，自取之也。』夫人必自侮，然後人侮之；家必自毀，而後人毀之；國必自伐，而後人伐之。《太甲》曰：『天作孽，猶可違；自作孽，不可活』，此之謂也。」

孟子曰：「桀紂之失天下也，失其民也。失其民者，失其心也。得天下有道：得其民斯得天下矣。得其民有道，得其心斯得民矣。得其心有道：所欲，與之聚之；所惡，勿施爾也。民之歸仁也，猶水之就下，獸之走壙也。故為淵驅魚者，獺也；為叢驅爵者，鸇也；為湯、武驅民者，桀與紂也。今天下之君有好仁者，則諸侯皆為之驅矣；雖欲無王，不可得已。今之欲王者，猶七年之病求三年之艾也。苟為不畜，終身不得。苟不志於仁，終身憂辱，以陷於死亡。《詩》云：『其何能淑？載胥及溺』，此之謂也。

孟子曰：「自暴者，不可與有言也；自棄者，不可與有為也。言非禮義，謂之自暴也；吾身不能居仁由義，謂之自棄也。」「仁，人之安宅也；義，人之正路也。曠安宅而弗居，舍正路而不由，哀哉！」

孟子曰：「道在邇，而求諸遠；事在易，而求諸難。人人親其親、長其長，而天下平。」

孟子曰：「居下位而不獲於上，民不可得而治也。獲於上有道，不信於友，弗獲於上矣。信於友有道，事親弗悅，弗信於友矣。悅親有道，反身不誠，不悅於親矣。誠身有道，不明乎善，不誠其身矣。是故誠者，天之道也。思誠者，人之道也。至誠而不動者，未之有也。不誠，未有能動者也。」

孟子曰：「伯夷辟紂，居北海之濱，聞文王作興，曰：『盍歸乎來！吾聞西伯善養老者。』太公辟紂，居東海之濱，聞文王作興，曰：『盍歸乎來！吾聞西伯善養老者。』二老者，天下之大老也而歸之，是天下之父歸之也。天下之父歸之，其子焉往？諸侯有行文王之政者，七年之內，必為政於天下矣。

孟子曰：「求也，為季氏宰，無能改於其德，而賦粟倍他日。孔子曰：『求非我徒也，小子鳴鼓而攻之，可也。』由此觀之，君不行仁政而富之，皆棄於孔子者也，況於為之強戰？爭地以戰，殺人盈野；爭城以戰，殺人盈城，此所謂率土地而食人肉，罪不容於死。故善戰者服上刑，連諸侯者次之，辟草萊、任土地者次之。」

孟子曰：「存乎人者，莫良於眸子，眸子不能掩其惡。胸中正，則眸子瞭焉；胸中不正，則眸子眊焉。聽其言也，觀其眸子，人焉廋哉？」

孟子曰：「恭者不侮人，儉者不奪人。侮奪人之君，惟恐不順焉，惡得為恭儉？恭儉豈可以聲音笑貌為哉？」

淳于髡曰：「男女授受不親，禮與？」孟子曰：「禮也。」曰：「嫂溺則援之以手乎？」曰：「嫂溺不援，是豺狼也。男女授受不親，禮也。嫂溺援之以手者，權也。」曰：「今天下溺矣，夫子之不援，何也？」曰：「天下溺，援之以道；嫂溺，援之以手。子欲手援天下乎？」

公孫丑曰：「君子之不教子，何也？」孟子曰：「勢不行也。教者必以正；以正不行，繼之以怒；繼之以怒，則反夷矣。『夫子教我以正；夫子未出於正也。』則是父子相夷也。父子相夷則惡矣。古者易子而教之，父子之間不責善，責善則離，離則不祥莫大焉。」

孟子曰：「事孰為大？事親為大。守孰為大？守身為大。不失其身而能事其親者，吾聞之矣；失其身而能事其親者，吾未之聞也。孰不為事？事親，事之本也。孰不為守？守身，守之本也。曾子養曾皙，必有酒肉；將徹，必請所與；問有餘，必曰『有』。曾皙死，曾元養曾子，必有酒肉；將徹，不請所與；問有餘，曰『亡矣』，將以復進也，此所謂養口體者也。若曾子，則可謂養志也。事親若曾子者，可也。」

孟子曰：「人不足與適也，政不足與間也，惟大人為能格君心之非。君仁莫不仁，君義莫不義，君正莫不正，一正君而國定矣。」

孟子曰：「有不虞之譽，有求全之毀。」

孟子曰：「人之易其言也，無責耳矣。」

孟子曰：「人之患，在好為人師。」

樂正子從於子敖之齊。樂正子見孟子，孟子曰：「子亦來見我乎？」曰：「先生何為出此言也？」曰：「子來幾日矣？」曰：「昔者。」曰：「昔者，則我出此言也，不亦宜乎？」曰：「舍館未定。」曰：「子聞之也；『舍館定，然後求見長者』乎？」曰：「克有罪。」

孟子謂樂正子曰：「子之從於子敖來，徒餔啜也。我不意子學古之道而以餔啜也。」

孟子曰：「不孝有三，無後為大。舜不告而娶，為無後也，君子以為猶告也。」

孟子曰：「仁之實，事親是也。義之實，從兄是也。智之實，知斯二者弗去是也。禮之實，節文斯二者是也。樂之實，樂斯二者，樂則生矣。生則惡可已也？惡可已，則不知足之蹈之、手之舞之。」

孟子曰：「天下大悅而將歸己，視天下悅而歸己，猶草芥也，惟舜為然。不得乎親，不可以為人；不順乎親，不可以為子。舜盡事親之道，而瞽瞍厎豫。瞽瞍厎豫而天下化；瞽瞍厎豫而天下之為父子者定。此之謂大孝。」

離婁下

孟子曰：「舜生於諸馮，遷於負夏，卒於鳴條，東夷之人也。文王生於岐周，卒於畢郢，西夷之人也。地之相去也，千有餘里；世之相後也，千有餘歲。得志行乎中國，若合符節。先聖後聖，其揆一也。

子產聽鄭國之政，以其乘輿濟人於溱、洧。孟子曰：「惠而不知為政，歲十一月徒杠成，十二月輿梁成，民未病涉也。君子平其政，行辟人可也；焉得人人而濟之？故為政者，每人而悅之，日亦不足矣。」

孟子告齊宣王曰：「君之視臣如手足，則臣視君如腹心；君之視臣如犬馬，則臣視君如國人；君之視臣如土芥，則臣視君如寇讎。」王曰：「禮，為舊君有服。何如斯可為服矣？」曰：「諫行言聽，膏澤下於民；有故而去，則使人導之出疆，又先於其所往；去三年不反，然後收其田舍。此之謂三有禮焉。如此則為之服矣。今也為臣，諫則不行，言則不聽，膏澤不下於民；有故而去，則君搏執之，又極之於其所往；去之日，遂收其田舍。此之謂寇讎。寇讎何服之有？」

孟子曰：「無罪而殺士，則大夫可以去；無罪而戮民，則士可以徙。」

孟子曰：「君仁莫不仁，君義莫不義。」

孟子曰：「非禮之禮，非義之義，大人弗為。」

孟子曰：「中也養不中，才也養不才，故人樂有賢父兄也。如中也棄不中，才也棄不才，則賢不肖之相去，其間不能以寸。」

孟子曰：「人有不為也，而後可以有為。」

孟子曰：「言人之不善，當如後患何？」

孟子曰：「仲尼不為已甚者。」

孟子曰：「大人者，言不必信，行不必果，惟義所在。」

孟子曰：「大人者，不失其赤子之心者也。」

孟子曰：「養生者，不足以當大事，惟送死可以當大事。」

孟子曰：「君子深造之以道，欲其自得之也。自得之則居之安，居之安則資之深，資之深則取之左右逢其原。故君子欲其自得之也。」

孟子曰：「博學而詳說之，將以反說約也。

孟子曰：「以善服人者，未有能服人者也。以善養人，然後能服天下。天下不心服而王者，未之有也。」

孟子曰：「言無實，不詳。不詳之實，蔽賢者當之。」

徐子曰：「仲尼亟稱於水曰：『水哉！水哉！』何取於水也？」孟子曰：「源泉混混，不舍晝夜，盈科而後進，放乎四海；有本者如是，是之取爾。苟為無本，七、八月之間雨集，溝澮皆盈；其涸也，可立而待也。故聲聞過情，君子恥之。」

孟子曰：「人之所以異於禽獸者幾希，庶民去之，君子存之。舜明於庶物，察於人倫；由仁義行，非行仁義也。」

孟子曰：「禹惡旨酒而好善言。湯執中，立賢無方。文王視民如傷，望道而未之見。武王不泄邇，不忘遠。周公思兼三王，以施四事。其有不合者，仰而思之，夜以繼日；幸而得之，坐以待旦。」

孟子曰：「王者之跡熄而《詩》亡，《詩》亡然後《春秋》作。晉之《乘》、楚之《檮杌》、魯之《春秋》，一也。其事則齊桓、晉文，其文則史。孔子曰：『其義則丘竊取之矣。』」

孟子曰：「君子之澤，五世而斬；小人之澤，五世而斬。予未得為孔子徒也，予私淑諸人也。」

孟子曰：「可以取，可以無取，取傷廉。可以與，可以無與，與傷惠。可以死，可以無死，死傷勇。」

逢蒙學射於羿，盡羿之道，思天下惟羿為愈己，於是殺羿。孟子曰：「是亦羿有罪焉。」公明儀曰：「宜若無罪焉？」曰：「薄乎云爾，惡得無罪？鄭人使子濯孺子侵衛，衛使庾公之斯追之。子濯孺子曰：『今日我疾作，不可以執弓，吾死矣夫！』問其仆曰：『追我者誰也？』其仆曰：『庾公之斯也。』曰：『吾生矣。』其仆曰：『庾公之斯，衛之善射者也，夫子曰「吾生」，何謂也？』曰：『庾公之斯學射於尹公之他，尹公之他學射於我。夫尹公之他，端人也，其取友必端矣。』庾公之斯至，曰：『夫子何為不執弓？』曰：『今日我疾作，不可以執弓。』曰：『小人學射於尹公之他，尹公之他學射於夫子。我不忍以夫子之道，反害夫子。雖然，今日之事，君事也，我不敢廢。』抽矢叩輪，去其金、發乘矢而後反。」

孟子曰：「西子蒙不潔，則人皆掩鼻而過之。雖有惡人，齋戒沐浴，則可以祀上帝。」

孟子曰：「天下之言性也，則故而已矣。故者，以利為本。所惡於智者，為其鑿也。如智者，若禹之行水也，則無惡於智矣。禹之行水也，行其所無事也。如智者亦行其所無事，則智亦大矣。天之高也，星辰之遠也，苟求其故，千歲之日至，可坐而致也。

公行子有子之喪，右師往吊。入門，有進而與右師言者，有就右師之位而與右師言者。孟子不與右師言，右師不悅曰：「諸君子皆與驩言，孟子獨不與驩言，是簡驩也。」孟子聞之，曰：「禮：朝庭不歷位而相與言，不逾階而相揖也。我欲行禮，子敖以我為簡，不亦異乎？」

孟子曰：「君子所以異於人者，以其存心也。君子以仁存心，以禮存心。仁者愛人，有禮者敬人。愛人者，人恒愛之；敬人者，人恒敬之。有人於此，其待我以横逆，則君子必自反也：『我必不仁也，必無禮也，此物奚宜至哉？』其自反而仁矣，自反而有禮矣。其横逆由是也，君子必自反也：『我必不忠。』自反而忠矣。其横逆由是也，君子曰：『此亦妄人也已矣。如此則與禽獸奚擇哉？於禽獸又何難焉！』是故君子有終身之憂，無一朝之患也。乃若所憂則有之。舜人也，我亦人也；舜為法於天下，可傳於後世，我由未免為鄉人也，是則可憂也。憂之如何？如舜而已矣。若夫君子所患則亡矣。非仁無為也，非禮無行也。如有一朝之患，則君子不患矣。

禹、稷當平世，三過其門而不入，孔子賢之。顏子當亂世，居於陋巷，一簞食，一瓢飲，人不堪其憂，顏子不改其樂，孔子賢之。孟子曰：「禹、稷、顏回同道。禹思天下有溺者，由己溺之也；稷思天下有饑者，由己饑之也。是以如是其急也。禹、稷、顏子易地則皆然。今有同室之人鬬者，救之，雖被髮纓冠而救之，可也。鄉鄰有鬬者，被髮纓冠而往救之，則惑也，雖閉戶可也。

公都子曰：「匡章，通國皆稱不孝焉。夫子與之游，又從而禮貌之，敢問何也？」孟子曰：「世俗所謂不孝者五：惰其四支，不顧父母之養，一不孝也；博弈、好飲酒，不顧父母之養，二不孝也；好貨財、私妻子，不顧父母之養，三不孝也；從耳目之欲，以為父母戮，四不孝也；好勇鬬狠，以危父母，五不孝也。章子有一於是乎？夫章子，子父責善而不相遇也。責善，朋友之道也。父子責善，賊恩之大者。夫章子豈不欲有夫妻子母之屬哉？為得罪於父，不得近；出妻屏子，終身不養焉。其設心以為不若是，是則罪之大者。是則章子已矣。」

曾子居武城，有越寇。或曰：「寇至，盍去諸？」曰：「無寓人於我室，毀傷其薪木。」寇退，則曰：「修我墻屋，我將反。」寇退，曾子反。左右曰：「待先生如此其忠且敬也，寇至則先去以為民望，寇退則反，殆於不可。」沈猶行曰：「是非汝所知也。昔沈猶有負芻之禍，從先生者七十人，未有與焉。」子思居於衛，有齊寇。或曰：「寇至，盍去諸？」子思曰：「如汲去，君誰與守？」孟子曰：「曾子、子思同道。曾子師也，父兄也；子思臣也，微也。曾子、子思易地則皆然。」

儲子曰：「王使人瞯夫子，果有以異於人乎？」孟子曰：「何以異於人哉？堯舜與人同耳。

齊人有一妻一妾而處室者，其良人出，則必饜酒肉而後反。其妻問其所與飲食者，則盡富貴也。其妻告其妾曰：「良人出，則必饜酒肉而後反；問其與飲食者，盡富貴也。而未嘗有顯者來。吾將瞯良人之所之也。」早起，施從良人之所之。遍國中，無與立談者。卒之東郭墦間，之祭者，乞其餘；不足，又顧而之他——此其為饜足之道也。其妻歸，告其妾曰：「良人者，所仰望而終身也。今若此！」與其妾訕其良人，而相泣於中庭。而良人未之知也，施施從外來，驕其妻妾。由君子觀之，則人之所以求富貴利達者，其妻妾不羞也而不相泣者，幾希矣。

萬章上

萬章問曰：「舜往于田，號泣于旻天。何為其號泣也？」孟子曰：「怨慕也。」萬章曰：「父母愛之，喜而不忘；父母惡之，勞而不怨。然則舜怨乎？」曰：「長息問於公明高曰：『舜往于田，則吾既得聞命矣；號泣于旻天、于父母，則吾不知也。』公明高曰：『是非爾所知也。』夫公明高以孝子之心為不若是恝。『我竭力耕田，共為子職而已矣；父母之不我愛，於我何哉？』帝使其子九男二女，百官牛羊倉廩備，以事舜於畎畝之中。天下之士多就之者，帝將胥天下而遷之焉。為不順於父母，如窮人無所歸。天下之士悅之，人之所欲也，而不足以解憂。好色，人之所欲；妻帝之二女，而不足以解憂。富，人之所欲；富有天下，而不足以解憂。貴，人之所欲；貴為天子，而不足以解憂。人悅之、好色、富貴無足以解憂者，惟順於父母，可以解憂。人少則慕父母，知好色則慕少艾，有妻子則慕妻子，仕則慕君，不得於君則熱中。大孝終身慕父母，五十而慕者，予於大舜見之矣。」

萬章問曰：「《詩》云：『娶妻如之何？必告父母。』信斯言也，宜莫如舜。舜之不告而娶，何也？」孟子曰：「告則不得娶。男女居室，人之大倫也。如告則廢人之大倫以懟父母，是以不告也。」萬章曰：「舜之不告而娶，則吾既得聞命矣。帝之妻舜而不告，何也？」曰：「帝亦知告焉則不得妻也。」萬章曰：「父母使舜完廩，捐階，瞽瞍焚廩。使浚井，出，從而掩之。象曰：『謨蓋都君咸我績。牛羊父母，倉廩父母，干戈朕，琴朕，弤朕，二嫂使治朕棲。』象往入舜宮，舜在床琴。象曰：『郁陶思君爾。』忸怩。舜曰：『唯茲臣庶，汝其于予治。』不識舜不知象之將殺己與？」曰：「奚而不知也？象憂亦憂，象喜亦喜。」曰：「然則舜偽喜者與？」曰：「否。昔者有饋生魚於鄭子產，子產使校人畜之池。校人烹之，反命曰：『始舍之圉圉焉，少則洋洋焉，攸然而逝。』子產曰：『得其所哉！得其所哉！』校人出，曰：『孰謂子產智？予既烹而食之，曰：「得其所哉！得其所哉！」』故君子可欺以其方，難罔以非其道。彼以愛兄之道來，故誠信而喜之。奚偽焉？

萬章問曰：「象日以殺舜為事，立為天子，則放之，何也？」孟子曰：「封之也。或曰放焉。」萬章曰：「舜流共工于幽州，放驩兜于崇山，殺三苗于三危，殛鯀于羽山，四罪而天下咸服。誅不仁也。象至不仁，封之有庳。有庳之人奚罪焉？仁人固如是乎？在他人則誅之，在弟則封之。」曰：「仁人之於弟也，不藏怒焉，不宿怨焉，親愛之而已矣。親之，欲其貴也；愛之，欲其富也。封之有庳，富貴之也。身為天子，弟為匹夫，可謂親愛之乎？」「敢問『或曰放』者何謂也？」曰：「象不得有為於其國，天子使吏治其國，而納其貢稅焉，故謂之放。豈得暴彼民哉？雖然，欲常常而見之，故源源而來。『不及貢，以政接于有庳』，此之謂也。

咸丘蒙問曰：「語云：『盛德之士，君不得而臣，父不得而子。』舜南面而立，堯帥諸侯北面而朝之，瞽瞍亦北面而朝之。舜見瞽瞍，其容有蹙。孔子曰：『於斯時也，天下殆哉，岌岌乎！』不識此語，誠然乎哉？」孟子曰：「否，此非君子之言，齊東野人之語也。堯老而舜攝也，《堯典》曰：『二十有八載，放勛乃徂落，百姓如喪考妣。三年，四海遏密八音。』孔子曰：『天無二日，民無二王。』舜既為天子矣，又帥天下諸侯以為堯三年喪，是二天子矣。」咸丘蒙曰：「舜之不臣堯，則吾既得聞命矣。《詩》云：『普天之下，莫非王土；率土之濱，莫非王臣。』而舜既為天子矣，敢問瞽瞍之非臣如何？」曰：「是詩也，非是之謂也，勞於王事而不得養父母也。曰：『此莫非王事，我獨賢勞也。』故說詩者，不以文害辭，不以辭害志；以意逆志，是為得之。如以辭而已矣。《云漢》之詩曰：『周餘黎民，靡有孑遺。』信斯言也，是周無遺民也。孝子之至，莫大乎尊親；尊親之至，莫大乎以天下養。為天子父，尊之至也；以天下養，養之至也。《詩》曰：『永言孝思，孝思惟則』，此之謂也。《書》曰：『祇載見瞽瞍，夔夔齋栗，瞽瞍亦允若』，是為父不得而子也。」

萬章曰：「堯以天下與舜，有諸？」孟子曰：「否，天子不能以天下與人。」「然則舜有天下也，孰與之？」

曰：「天與之。」「天與之者，諄諄然命之乎？」曰：「否，天不言，以行與事示之而已矣。」曰：「以行與事示之者，如之何？」曰：「天子能薦人於天，不能使天與之天下；諸侯能薦人於天子，不能使天子與之諸侯；大夫能薦人於諸侯，不能使諸侯與之大夫。昔者堯薦舜於天而天受之，暴之於民而民受之。故曰：天不言，以行與事示之而已矣。」曰：「敢問薦之於天而天受之，暴之於民而民受之，如何？」曰：「使之主祭而百神享之，是天受之。使之主事而事治，百姓安之，是民受之也。天與之，人與之，故曰：天子不能以天下與人。舜相堯，二十有八載，非人之所能為也，天也。堯崩，三年之喪畢，舜避堯之子於南河之南。天下諸侯朝覲者，不之堯之子而之舜；訟獄者，不之堯之子而之舜；謳歌者，不謳歌堯之子而謳歌舜；故曰『天』也。夫然後之中國，踐天子位焉。而居堯之宮，逼堯之子，是『篡』也，非『天與』也。《泰誓》曰：『天視自我民視，天聽自我民聽』，此之謂也。

萬章問曰：「人有言『至於禹而德衰，不傳於賢而傳於子』，有諸？」孟子曰：「否然也。天與賢則與賢，天與子則與子。昔者舜薦禹於天，十有七年；舜崩，三年之喪畢，禹避舜之子於陽城；天下之民從之，若堯崩之後不從堯之子而從舜也。禹薦益於天，七年，禹崩，三年之喪畢，益避禹子於箕山之陰；朝覲訟獄者，不之益而之啟，曰：『吾君之子也。』謳歌者不謳歌益而謳歌啟，曰：『吾君之子也。』丹朱之不肖，舜之子亦不肖；舜之相堯、禹之相舜也，歷年多，施澤於民久。啟賢，能敬承繼禹之道；益之相禹也，歷年少，施澤於民未久。舜、禹、益相去久遠，其子之賢不肖皆天也，非人之所能為也。莫之為而為者，天也；莫之致而至者，命也。匹夫而有天下者，德必若舜禹，而又有天子薦之者；故仲尼不有天下。繼世而有天下，天之所廢，必若桀紂者也；故益、伊尹、周公不有天下。伊尹相湯以王於天下，湯崩，太丁未立，外丙二年，仲壬四年。太甲顛覆湯之典刑，伊尹放之於桐三年；太甲悔過，自怨自艾，於桐處仁遷義，三年以聽伊尹之訓己也，復歸于亳。周公之不有天下，猶益之於夏、伊尹之於殷也。孔子曰：『唐虞禪，夏後、殷、周繼，其義一也。』」

萬章問曰：「人有言『伊尹以割烹要湯』，有諸？」孟子曰：「否然。伊尹耕於有莘之野，而樂堯舜之道焉。非其義也，非其道也，祿之以天下弗顧也，御馬千駟弗視也。非其義也，非其道也，一介不以與人，一介不以取諸人。湯使人以幣聘之。囂囂然曰：『我何以湯之聘幣為哉？我豈若處畎畝之中，由是以樂堯舜之道哉？』湯三使往聘之。既而幡然改曰：『與我處畎畝之中，由是以樂堯舜之道，吾豈若使是君為堯舜之君哉？吾豈若使是民為堯舜之民哉？吾豈若於吾身親見之哉？天之生此民也，使先知覺後知，使先覺覺後覺也。予，天民之先覺者也。予將以斯道覺斯民也，非予覺之而誰也？』思天下之民匹夫匹婦有不被堯舜之澤者，若己推而內之溝中。其自任以天下之重如此，故就湯而說之以伐夏救民。吾未聞枉己而正人者也，況辱己以正天下者乎？聖人之行不同也，或遠或近，或去或不去，歸潔其身而已矣。吾聞其以堯舜之道要湯，未聞以割烹也。《伊訓》曰：『天誅造攻自牧宮，朕載自亳。』

萬章問曰：「或謂『孔子於衛主癰疽，於齊主侍人瘠環』，有諸乎？」孟子曰：「否，不然也，好事者為之也。於衛，主顏讎由。彌子之妻與子路之妻，兄弟也。彌子謂子路曰：『孔子主我，衛卿可得也。』子路以告，孔子曰：『有命。』孔子進以禮，退以義，得之不得曰：『有命』。而主癰疽與侍人瘠環，是無義無命也。孔子不悅於魯衛，遭宋桓司馬，將要而殺之，微服而過宋。是時孔子當厄，主司城貞子，為陳侯周臣。吾聞觀近臣，以其所為主；觀遠臣，以其所主。若孔子主癰疽與侍人瘠環，何以為孔子？」

萬章問曰：「或曰：『百里奚自鬻於秦養牲者，五羊之皮。食牛，以要秦繆公。』信乎？」孟子曰：「否然，好事者為之也。百里奚，虞人也。晉人以垂棘之璧與屈產之乘，假道於虞以伐虢。宮之奇諫，百里奚不諫，知虞公之不可諫而去。之秦，年已七十矣，曾不知以食牛干秦繆公之為污也，可謂智乎？不可諫而不諫，可謂不智乎？知虞公之將亡而先去之，不可謂不智也。時舉於秦，知繆公之可與有行也而相之，可謂不智乎？相秦而顯其君於天下，可傳於後世，不賢而能之乎？自鬻以成其君，鄉黨自好者不為，而謂賢者為之乎？

萬章下

孟子曰：「伯夷目不視惡色，耳不聽惡聲。非其君不事，非其民不使。治則進，亂則退。橫政之所出，橫民之所止，不忍居也。思與鄉人處，如以朝衣朝冠坐於涂炭也。當紂之時，居北海之濱，以待天下之清也。故聞伯夷之風者，頑夫廉，懦夫有立志。伊尹曰：『何事非君？何使非民？』治亦進，亂亦進。曰：『天之生斯民也，使先知覺後知，使先覺覺後覺。予，天民之先覺者也；予將以此道覺此民也。』思天下之民匹夫匹婦有不與被堯舜之澤者，如己推而內之溝中。其自任以天下之重也。柳下惠不羞污君，不辭小官。進不隱賢，必以其道。遺佚而不怨，厄窮而不憫。與鄉人處，由由然不忍去也。『爾為爾，我為我，雖袒裼裸裎於我側，爾焉能浼我哉？』故聞柳下惠之風者，鄙夫寬，薄夫敦。孔子之去齊，接淅而行。去魯，曰：『遲遲吾行也。』去父母國之道也。可以速而速，可以久而久，可以處而處，可以仕而仕，孔子也。」

孟子曰：「伯夷，聖之清者也；伊尹，聖之任者也；柳下惠，聖之和者也；孔子，聖之時者也。孔子之謂集大成。集大成也者，金聲而玉振之也。金聲也者，始條理也；玉振之也者，終條理也。始條理者，智之事也；終條理者，聖之事也。智，譬則巧也；聖，譬則力也。由射於百步之外也；其至，爾力也；其中，非爾力也。」

北宫锜問曰：「周室班爵祿也，如之何？」孟子曰：「其詳不可得聞也，諸侯惡其害己也，而皆去其籍。然而軻也嘗聞其略也。天子一位，公一位，侯一位，伯一位，子、男同一位，凡五等也。君一位，卿一位，大夫一位，上士一位，中士一位，下士一位，凡六等。天子之制，地方千里，公侯皆方百里，伯七十里，子、男五十里，凡四等。不能五十里，不達於天子，附於諸侯，曰附庸。天子之卿受地視侯，大夫受地視伯，元士受地視子、男。大國地方百里，君十卿祿，卿祿四大夫，大夫倍上士，上士倍中士，中士倍下士，下士與庶人在官者同祿，祿足以代其耕也。次國地方七十里，君十卿祿，卿祿三大夫，大夫倍上士，上士倍中士，中士倍下士，下士與庶人在官者同祿，祿足以代其耕也。小國地方五十里，君十卿祿，卿祿二大夫，大夫倍上士，上士倍中士，中士倍下士，下士與庶人在官者同祿，祿足以代其耕也。耕者之所獲，一夫百畝；百畝之糞，上農夫食九人，上次食八人，中食七人，中次食六人，下食五人。庶人在官者，其祿以是為差。

萬章問曰：「敢問友。」孟子曰：「不挾長，不挾貴，不挾兄弟而友。友也者，友其德也，不可以有挾也。孟獻子，百乘之家也，有友五人焉：樂正裘、牧仲，其三人則予忘之矣。獻子之與此五人者友也，無獻子之家者也。此五人者亦有獻子之家，則不與之友矣。非惟百乘之家為然也，雖小國之君亦有之。費惠公曰：『吾於子思則師之矣，吾於顏般則友之矣，王順、長息，則事我者也。』非惟小國之君為然也，雖大國之君亦有之。晉平公之於亥唐也，入云則入，坐云則坐，食云則食。雖疏食菜羹，未嘗不飽，蓋不敢不飽也。然終於此而已矣，弗與共天位也，弗與治天職也，弗與食天祿也。士之尊賢者也，非王公之尊賢也。舜尚見帝，帝館甥于貳室，亦饗舜，迭為賓主，是天子而友匹夫也。用下敬上，謂之貴貴；用上敬下，謂之尊賢。貴貴、尊賢，其義一也。」

萬章曰：「敢問交際何心也？」孟子曰：「恭也。」曰：「卻之卻之為不恭，何哉？」曰：「尊者賜之，曰：『其所取之者，義乎不義乎？』而後受之，以是為不恭，故弗卻也。」曰：「請無以辭卻之，以心卻之，曰：『其取諸民之不義也。』而以他辭無受，不可乎？」曰：「其交也以道，其接也以禮，斯孔子受之矣。」萬章曰：「今有御人於國門之外者，其交也以道，其餽也以禮，斯可受御與？」曰：「不可。《康誥》曰：『殺越人于貨，閔不畏死，凡民罔不譈』是不待教而誅者也。殷受夏，周受殷，所不辭也，於今為烈，如之何其受之？」曰：「今之諸侯取之於民也，猶御也。『苟善其禮際矣，斯君子受之』，敢問何說也？」曰：「子以為有王者作，將比今之諸侯而誅之乎？其教之不改而後誅之乎？夫謂非其有而取之者盜也，充類至義之盡也。孔子之仕於魯也，魯人獵較，孔子亦獵較。獵較猶可，而況受其賜乎？」曰：「然則孔子之仕也，非事道與？」曰：「事道也。」「事道奚獵較也？」曰：「孔子先簿正祭器，不以四方之食供簿正。」曰：「奚不去也？」曰：「為之兆也，兆足以行矣，而不行，而後去；是以未嘗有所終三年淹也。孔子有見行可之仕，有際可之仕，有公養之仕。於季桓子，見行可之仕也；於衛靈公，際可之仕也；於衛孝公，公養之仕也。」

孟子曰：「仕非為貧也，而有時乎為貧；娶妻非為養也，而有時乎為養。為貧者，辭尊居卑，辭富居貧。辭尊居卑，辭富居貧，惡乎宜乎？抱關擊柝。孔子嘗為委吏矣，曰：『會計當而已矣。』嘗為乘田矣，曰：『牛羊茁壯，長而已矣。』位卑而言高，罪也。立乎人之本朝而道不行，恥也。」

萬章曰：「士之不托諸侯，何也？」孟子曰：「不敢也。諸侯失國而後托於諸侯，禮也。士之托於諸侯，非禮也。」萬章曰：「君餽之粟，則受之乎？」曰：「受之。」「受之何義也？」曰：「君之於氓也，固周之。」曰：「周之則受，賜之則不受，何也？」曰：「不敢也。」曰：「敢問其不敢何也？」曰：「抱關擊柝者，皆有常職以食於上。無常職而賜於上者，以為不恭也。」曰：「君餽之，則受之，不識可常繼乎？」曰：「繆公之於子思也，亟問，亟餽鼎肉。子思不悅，於卒也標使者出諸大門之外，北面稽首再拜而不受，曰：『今而後知君之犬馬畜汲！』蓋自是臺無餽也。悅賢不能舉，又不能養也，可謂悅賢乎？」曰：「敢問國君欲養君子，如何斯可謂養矣？」曰：「以君命將之，再拜稽首而受；其後廩人繼粟，庖人繼肉，不以君命將之。子思以為鼎肉使己仆仆爾亟拜也，非養君子之道也。堯之於舜也，使其子九男事之，二女女焉，百官牛羊倉廩備，以養舜於畎畝之中，後舉而加諸上位。故曰王公之尊賢者也。」

萬章曰：「敢問不見諸侯何義也？」孟子曰：「在國曰市井之臣，在野曰草莽之臣，皆謂庶人。庶人不傳質為臣，不敢見於諸侯，禮也。」

萬章曰：「庶人，召之役，則往役；君欲見之，召之，則不往見之，何也？」曰：「往役，義也；往見，不義也。且君之欲見之也，何為也哉？」曰：「為其多聞也，為其賢也。」曰：「為其多聞也，則天子不召師，而況諸侯乎？為其賢也，則吾未聞欲見賢而召之也。繆公亟見於子思，曰：『古千乘之國以友士，何如？』子思不悅，曰：『古之人有言曰：「事之云乎」，豈曰友之云乎？』子思之不悅也，豈不曰：『以位，則子，君也，我，臣也，何敢與君友也？以德，則子事我者也，奚可以與我友？』千乘之君求與之友，而不可得也，而況可召與？齊景公田，招虞人以旌；不至，將殺之。『志士不忘在溝壑，勇士不忘喪其元。』孔子奚取焉？取非其招不往也。」曰：「敢問招虞人何以？」曰：「以皮冠。庶人以旃，士以旂，大夫以旌。以大夫之招招虞人，虞人死不敢往；以士之招招庶人，庶人豈敢往哉？況乎以不賢人之招招賢人乎？欲見賢人而不以其道，猶欲其入而閉之門也。夫義，路也；禮，門也。惟君子能由是路，出入是門也。《詩》云：『周道如底，其直如矢；君子所履，小人所視。』」萬章曰：「孔子『君命召，不俟駕而行』。然則孔子非與？」曰：「孔子當仕有官職，而以其官召之也。」

孟子謂萬章曰：「一鄉之善士，斯友一鄉之善士；一國之善士，斯友一國之善士；天下之善士，斯友天下之善士。以友天下之善士為未足，又尚論古之人。頌其詩，讀其書，不知其人，可乎？是以論其世也。是尚友也。

齊宣王問卿。孟子曰：「王何卿之問也？」王曰：「卿不同乎？」曰：「不同，有貴戚之卿，有異姓之卿。」王曰：「請問貴戚之卿。」曰：「君有大過則諫，反覆之而不聽，則易位。」王勃然變乎色。曰：「王勿異也。王問臣，臣不敢不以正對。」王色定，然後請問異姓之卿。曰：「君有過則諫，反覆之而不聽，則去。」

告子上

告子曰：「性，猶杞柳也；義，猶桮棬也。以人性為仁義，猶以杞柳為桮棬。」孟子曰：「子能順杞柳之性而以為桮棬乎？將戕賊杞柳而後以為桮棬也？如將戕賊杞柳而以為桮，則亦將戕賊人以為仁義與？率天下之人而禍仁義者，必子之言夫！」

告子曰：「性，猶湍水也，決諸東方則東流，決諸西方則西流。人性之無分於善不善也，猶水之無分於東西也。」孟子曰：「水信無分於東西，無分於上下乎？人性之善也，猶水之就下也。人無有不善，水無有不下。今夫水搏而躍之，可使過顙，激而行之，可使在山，是豈水之性哉？其勢則然也。人之可使為不善，其性亦猶是也。」

告子曰：「生之謂性。」孟子曰：「生之謂性也，猶白之謂白與？」曰：「然。」「白羽之白也，猶白雪之白，白雪之白，猶白玉之白歟？」曰：「然。」「然則犬之性猶牛之性，牛之性猶人之性歟？」

告子曰：「食色，性也。仁，內也，非外也。義，外也，非內也。」孟子曰：「何以謂仁內義外也？」曰：「彼長而我長之，非有長於我也。猶彼白而我白之，從其白於外也，故謂之外也。」曰：「異於白馬之白也，無以異於白人之白也！不識長馬之長也，無以異於長人之長歟？且謂長者義乎？長之者義乎？」曰：「吾弟則愛之，秦人之弟則不愛也，是以我為悅者也，故謂之內。長楚人之長，亦長吾之長，是以長為悅者也，故謂之外也。」曰：「嗜秦人之炙，無以異於嗜吾炙。夫物則亦有然者也。然則嗜炙亦有外歟？

孟季子問公都子曰：「何以謂義內也？」曰：「行吾敬，故謂之內也。」「鄉人長於伯兄一歲，則誰敬？」曰：「敬兄。」「酌則誰先？」曰：「先酌鄉人。」「所敬在此，所長在彼，果在外，非由內也。」公都子不能答，以告孟子。孟子曰：「敬叔父乎？敬弟乎？彼將曰：『敬叔父。』曰：『弟為尸，則誰敬？』彼將曰：『敬弟。』子曰：『惡在其敬叔父也？』彼將曰：『在位故也。』子亦曰：『在位故也。』庸敬在兄，斯須之敬在鄉人。」季子聞之曰：「敬叔父則敬，敬弟則敬，果在外，非由內也。」公都子曰：「冬日則飲湯，夏日則飲水，然則飲食亦在外也？

公都子曰：「告子曰：『性無善無不善也。』或曰：『性可以為善，可以為不善，是故文武興則民好善，幽厲興則民好暴。』或曰：『有性善，有性不善，是故以堯為君而有象，以瞽瞍為父而有舜，以紂為兄之子且以為君，而有微子啟、王子比干。』今曰『性善』，然則彼皆非歟？」孟子曰：「乃若其情則可以為善矣，乃所謂善也。若夫為不善，非才之罪也。惻隱之心，人皆有之；羞惡之心，人皆有之；恭敬之心，人皆有之；是非之心，人皆有之。惻隱之心，仁也；羞惡之心，義也；恭敬之心，禮也；是非之心，智也。仁義禮智，非由外鑠我也，我固有之也，弗思耳矣。故曰：求則得之，舍則失之。或相倍蓰而無算者，不能盡其才者也。《詩》曰：『天生蒸民，有物有則。民之秉彝，好是懿德。』孔子曰：『為此詩者，其知道乎！故有物必有則，民之秉彝也，故好是懿德。』」

孟子曰：「富歲，子弟多賴；兇歲，子弟多暴。非天之降才爾殊也，其所以陷溺其心者然也。今夫麰麥，播種而耰之，其地同，樹之時又同，浡然而生，至於日至之時，皆熟矣。雖有不同，則地有肥磽，雨露之養、人事之不齊也。故凡同類者，舉相似也，何獨至於人而疑之？聖人與我同類者。故龍子曰：『不知足而為屨，我知其不為蕢也。』屨之相似，天下之足同也。口之於味，有同嗜也，易牙先得我口之所嗜者也。如使口之於味也，其性與人殊，若犬馬之與我不同類也，則天下何嗜皆從易牙之於味也？至於味，天下期於易牙，是天下之口相似也。惟耳亦然，至於聲，天下期於師曠，是天下之耳相似也。惟目亦然，至於子都，天下莫不知其姣也；不知子都之姣者，無目者也。故曰：口之於味也，有同嗜焉；耳之於聲也，有同聽焉；目之於色也，有同美焉。至於心，獨無所同然乎？心之所同然者，何也？謂理也，義也。聖人先得我心之所同然耳。故理義之悅我心，猶芻豢之悅我口。」

孟子曰：「牛山之木嘗美矣。以其郊於大國也，斧斤伐之，可以為美乎？是其日夜之所息，雨露之所潤，非無萌蘖之生焉，牛羊又從而牧之，是以若彼濯濯也。人見其濯濯也，以為未嘗有材焉，此豈山之性也哉？雖存乎人者，豈無仁義之心哉？其所以放其良心者，亦猶斧斤之於木也。旦旦而伐之，可以為美乎？其日夜之所息，平旦之氣，其好惡與人相近也者幾希，則其旦晝之所為，有梏亡之矣。梏之反覆，則其夜氣不足以存。夜氣不足以存，則其違禽獸不遠矣。人見其禽獸也，而以為未嘗有才焉者，是豈人之情也哉？故苟得其養，無物不長；苟失其養，無物不消。孔子曰：『操則存，舍則亡。出入無時，莫知其鄉。』惟心之謂與！

孟子曰：「無或乎王之不智也。雖有天下易生之物也，一日暴之，十日寒之，未有能生者也。吾見亦罕矣，吾退而寒之者至矣，吾如有萌焉何哉！今夫弈之為數，小數也；不專心致志，則不得也。弈秋，通國之善弈者也。使弈秋誨二人弈：其一人專心致志，惟弈秋之為聽；一人雖聽之，一心以為有鴻鵠將至，思援弓繳而射之。雖與之俱學，弗若之矣。為是其智弗若與？曰：非然也。」

孟子曰：「魚，我所欲也；熊掌，亦我所欲也。二者不可得兼，舍魚而取熊掌者也。生，亦我所欲也；義，亦我所欲也。二者不可得兼，舍生而取義者也。生亦我所欲，所欲有甚於生者，故不為苟得也。死亦我所惡，所惡有甚於死者，故患有所不辟也。如使人之所欲莫甚於生，則凡可以得生者，何不用也？使人之所惡莫甚於死者，則凡可以辟患者，何不為也？由是則生而有不用也，由是則可以辟患而有不為也。是故所欲有甚於生者，所惡有甚於死者，非獨賢者有是心也，人皆有之，賢者能勿喪耳。一簞食，一豆羹，得之則生，弗得則死。呼爾而與之，行道之人弗受；蹴爾而與之，乞人不屑也。萬鍾則不辨禮義而受之。萬鍾於我何加焉？為宮室之美、妻妾之奉、所識窮乏者得我與？鄉為身死而不受，今為宮室之美為之；鄉為身死而不受，今為妻妾之奉為之；鄉為身死而不受，今為所識窮乏者得我而為之——是亦不可以已乎？此之謂失其本心。」

孟子曰：「仁，人心也。義，人路也。舍其路而弗由，放其心而不知求，哀哉！人有雞犬放，則知求之，有放心，而不知求。學問之道無他，求其放心而已矣。」

孟子曰：「今有無名之指，屈而不信，非疾痛害事也。如有能信之者，則不遠秦楚之路，為指之不若人也。指不若人，則知惡之；心不若人，則不知惡。此之謂不知類也。」

孟子曰：「拱把之桐、梓，人苟欲生之，皆知所以養之者。至於身，而不知所以養之者，豈愛身不若桐、梓哉？弗思甚也。

孟子曰：「人之於身也，兼所愛；兼所愛，則兼所養也。無尺寸之膚不愛焉，則無尺寸之膚不養也。所以考其善不善者，豈有他哉？於己取之而已矣。體有貴賤，有小大。無以小害大，無以賤害貴。養其小者為小人。養其大者為大人。今有場師，舍其梧檟，養其樲棘，則為賤場師焉。養其一指，而失其肩背，而不知也，則為狼疾人也。飲食之人，則人賤之矣，為其養小以失大也。飲食之人，無有失也，則口腹豈適為尺寸之膚哉？

公都子問曰：「鈞是人也，或為大人，或為小人，何也？」孟子曰：「從其大體為大人，從其小體為小人。」曰：「鈞是人也，或從其大體，或從其小體，何也？」曰：「耳目之官不思，而蔽於物。物交物，則引之而已矣。心之官則思；思則得之，不思則不得也。此天之所與我者，先立乎其大者，則其小者不能奪也。此為大人而已矣。」

孟子曰：「有天爵者，有人爵者。仁義忠信，樂善不倦，此天爵也。公卿大夫，此人爵也。古之人，修其天爵而人爵從之。今之人，修其天爵以要人爵。既得人爵而棄其天爵，則惑之甚者也，終亦必亡而已矣。」

孟子曰：「欲貴者，人之同心也。人人有貴於己者，弗思耳矣。人之所貴者，非良貴也。趙孟之所貴，趙孟能賤之。《詩》云：『既醉以酒，既飽以德。』言飽乎仁義也，所以不愿人之膏粱之味也。令聞廣譽施於身，所以不愿人之文繡也。」

孟子曰：「仁之勝不仁也，猶水之勝火。今之為仁者，猶以一杯水救一車薪之火也。不熄，則謂之水不勝火。此又與於不仁之甚者也，亦終必亡而已矣。」

孟子曰：「五里者，種之美者也。苟為不熟，不如荑稗。夫仁亦在乎熟之而已矣。

孟子曰：「羿之教人射，必志於彀；學者亦必志於彀。大匠誨人，必以規矩；學者亦必以規矩。」

告子下

任人有問屋廬子曰：「禮與食孰重？」曰：「禮重。」「色與禮孰重？」曰：「禮重。」曰：「以禮食則饑而死，不以禮食則得食，必以禮乎？親迎則不得妻，不親迎則得妻，必親迎乎？」屋廬子不能對。明日之鄒，以告孟子。孟子曰：「於答是也何有？不揣其本，而齊其末，方寸之木可使高於岑樓。金重於羽者，豈謂一鉤金與一輿羽之謂哉？取食之重者與禮之輕者而比之，奚翅食重？取色之重者與禮之輕者而比之，奚翅色重？往應之曰，『紾兄之臂而奪之食，則得食，不紾，則不得食，則將紾之乎？逾東家墻而摟其處子，則得妻，不摟，則不得妻，則將摟之乎？』」

曹交問曰：「人皆可以為堯舜，有諸？」孟子曰：「然。」「交聞文王十尺，湯九尺；今交九尺四寸以長。食粟而已，如何則可？」曰：「奚有於是？亦為之而已矣。有人於此，力不能勝一匹雛，則為無力人矣。今曰舉百鈞，則為有力人矣。然則舉烏獲之任，是亦為烏獲而已矣。夫人豈以不勝為患哉？弗為耳。徐行後長者，謂之弟；疾行先長者，謂之不弟。夫徐行者，豈人所不能哉？所不為也。堯舜之道，孝弟而已矣。子服堯之服、誦堯之言、行堯之行，是堯而已矣。子服桀之服、誦桀之言、行桀之行，是桀而已矣。」曰：「交得見於鄒君，可以假館，願留而受業於門。」曰：「夫道若大路然，豈難知哉？人病不求耳。子歸而求之，有餘師。」

公孫丑問曰：「高子曰：『《小弁》，小人之詩也。』」孟子曰：「何以言之？」曰：「怨。」曰：「固哉，高叟之為《詩》也！有人於此，越人關弓而射之，則己談笑而道之；無他，疏之也。其兄關弓而射之，則己垂涕泣而道之，無他，戚之也。《小弁》之怨，親親也。親親，仁也。固矣夫，高叟之為《詩》也！」曰：「《凱風》何以不怨？」曰：「《凱風》，親之過小者也；《小弁》，親之過大者也。親之過大而不怨，是愈疏也。親之過小而怨，是不可磯也。愈疏，不孝也；不可磯，亦不孝也。孔子曰：『舜其至孝矣，五十而慕。』」

宋牼將之楚，孟子遇於石丘，曰：「先生將何之？」曰：「吾聞秦、楚構兵，我將見楚王，說而罷之；楚王不悅，我將見秦王，說而罷之。二王我將有所遇焉。」曰：「軻也請無問其詳，愿聞其指。說之將何如？」曰：「我將言其不利也。」曰：「先生之志則大矣，先生之號則不可。先生以利說秦、楚之王，秦、楚之王悅於利，以罷三軍之師；是三軍之士樂罷而悅於利也。為人臣者，懷利以事其君，為人子者，懷利以事其父，為人弟者，懷利以事其兄，是君臣、父子、兄弟終去仁義，懷利以相接；然而不亡者，未之有也。先生以仁義說秦、楚之王，秦、楚之王悅於仁義，以罷三軍之師；是三軍之士樂罷而悅於仁義也。為人臣者，懷仁義以事其君，為人子者，懷仁義以事其父，為人弟者，懷仁義以事其兄，是君臣、父子、兄弟去利，懷仁義以相接也；然而不王者，未之有也。何必曰利？」

孟子居鄒，季任為任處守，以幣交，受之而不報。處於平陸，儲子為相，以幣交，受之而不報。他日由鄒之任，見季子，由平陸之齊，不見儲子。屋廬子喜曰：「連得間矣。」問曰：「夫子之任見季子，之齊不見儲子，為其為相與？」曰：「非也。《書》曰：『享多儀，儀不及物，曰不享。惟不役志于享。』為其不成享也。」屋廬子悅。或問之，屋廬子曰：「季子不得之鄒，儲子得之平陸。」

淳于髡曰：「先名實者，為人也；後名實者，自為也。夫子在三卿之中，名實未加於上下而去之，仁者固如此乎？」孟子曰：「居下位，不以賢事不肖者，伯夷也。五就湯、五就桀者，伊尹也。不惡污君，不辭小官者，柳下惠也。三子者不同道，其趨一也。一者何也？曰仁也。君子亦仁而已矣，何必同？」曰：「魯繆公之時，公儀子為政，子柳、子思為臣，魯之削也滋甚。若是乎賢者之無益於國也。」曰：「虞不用百里奚而亡，秦繆公用之而霸。不用賢則亡，削何可得與？」曰：「昔者，王豹處於淇，而河西善謳。綿駒處於高唐，而齊右善歌。華周、杞梁之妻，善哭其夫，而變國俗。有諸內，必形諸外。為其事而無其功者，髡未嘗睹之也。是故無賢者也；有則髡必識之。」曰：「孔子為魯司寇，不用，從而祭，燔肉不至，不稅冕而行。不知者以為為肉也；其知者以為為無禮也。乃孔子則欲以微罪行，不欲為苟去。君子之所為，眾人固不識也。

孟子曰：「五霸者，三王之罪人也。今之諸侯，五霸之罪人也。今之大夫，今之諸侯之罪人也。天子適諸侯曰巡狩；諸侯朝於天子曰述職。春省耕而補不足，秋省斂而助不給。入其疆，土地辟，田野治，養老、尊賢、俊杰在位，則有慶，慶以地。入其疆，土地荒蕪，遺老、失賢，掊克在位，則有讓。一不朝，則貶其爵；再不朝，則削其地；三不朝，則六師移之。是故天子討而不伐，諸侯伐而不討。五霸者，摟諸侯以伐諸侯者也，故曰：五霸者，三王之罪人也。」

五霸，桓公為盛。葵丘之會，諸侯束牲載書而不歃血。初命曰：『誅不孝，無易樹子，無以妾為妻。』再命曰：『尊賢、育才，以彰有德。』三命曰：『敬老、慈幼，無忘賓旅。』四命曰：『士無世官，官事無攝，取士必得，無專殺大夫。』五命曰：『無曲防，無遏糴，無有封而不告。』曰：『凡我同盟之人，既盟之後，言歸于好。』今之諸侯，皆犯此五禁，故曰：今之諸侯，五霸之罪人也。長君之惡，其罪小；逢君之惡，其罪大。今之大夫皆逢君之惡，故曰：今之大夫，今之諸侯之罪人也。」

魯欲使慎子為將軍。孟子曰：「不教民而用之，謂之殃民，殃民者，不容於堯舜之世。一戰勝齊，遂有南陽，然且不可。」慎子勃然不悅，曰：「此則滑厘所不識也。」曰：「吾明告子，天子之地方千里；不千里，不足以待諸侯。諸侯之地方百里；不百里，不足以守宗廟之典籍。周公之封於魯，為方百里也；地非不足，而儉於百里。太公之封於齊也，亦為方百里也；地非不足也，而儉於百里。今魯方百里者五，子以為有王者作，則魯在所損乎？在所益乎？徒取諸彼以與此，然且仁者不為，況於殺人以求之乎？君子之事君也，務引其君以當道，志於仁而已。」

孟子曰：「今之事君者，皆曰：『我能為君辟土地，充府庫。』今之所謂良臣，古之所謂民賊也。君不鄉道、不志於仁，而求富之，是富桀也。『我能為君約與國，戰必克。』今之所謂良臣，古之所謂民賊也。君不鄉道、不志於仁，而求為之強戰，是輔桀也。由今之道，無變今之俗，雖與之天下，不能一朝居也。

白圭曰：「吾欲二十而取一，何如？」孟子曰：「子之道，貉道也。萬室之國，一人陶，則可乎？」曰：「不可，器不足用也。」曰：「夫貉，五穀不生，惟黍生之，無城郭、宮室、宗廟、祭祀之禮，無諸侯幣帛饔飧，無百官有司，故二十取一而足也。今居中國，去人倫，無君子，如之何其可也？陶以寡，且不可以為國，況無君子乎？欲輕之於堯舜之道者，大貉、小貉也；欲重之於堯舜之道者，大桀、小桀也。」

白圭曰：「丹之治水也愈於禹。」孟子曰：「子過矣。禹之治水，水之道也。是故禹以四海為壑。今吾子以鄰國為壑。水逆行，謂之洚水；洚水者，洪水也，仁人之所惡也。吾子過矣。」

孟子曰：「君子不亮，惡乎執？」

魯欲使樂正子為政。孟子曰：「吾聞之，喜而不寐。」公孫丑曰：「樂正子強乎？」曰：「否。」「有知慮乎？」曰：「否。」「多聞識乎？」曰：「否。」「然則奚為喜而不寐。」曰：「其為人也好善。」「好善足乎？」曰：「好善優於天下，而況魯國乎？夫苟好善，則四海之內，皆將輕千里而來告之以善。夫苟不好善，則人將曰：『訑訑，予既已知之矣。』訑訑之聲音顏色，距人於千里之外。士止於千里之外，則讒諂面諛之人至矣。與讒諂面諛之人居，國欲治，可得乎？

陳子曰：「古之君子，何如則仕？」孟子曰：「所就三，所去三。迎之致敬以有禮，言將行其言也，則就之；禮貌未衰，言弗行也，則去之。其次，雖未行其言也，迎之致敬以有禮，則就之；禮貌衰，則去之。其下，朝不食，夕不食，饑餓不能出門戶；君聞之，曰：『吾大者不能行其道，又不能從其言也，使饑餓於我土地，吾恥之。』周之，亦可受也，免死而已矣。」

孟子曰：「舜發於畎畝之中，傅說舉於版筑之間，膠鬲舉於魚鹽之中，管夷吾舉於士，孫叔敖舉於海，百里奚舉於市。故天將降大任於是人也，必先苦其心志，勞其筋骨，餓其體膚，空乏其身，行拂亂其所為；所以動心忍性，曾益其所不能。人恒過，然後能改。困於心，衡於慮，而後作。徵於色，發於聲，而後喻。入則無法家拂士、出則無敵國外患者，國恒亡。然後知生於憂患，而死於安樂也。

孟子曰：「教亦多術矣。予不屑之教誨也者，是亦教誨之而已矣。」

盡心上

孟子曰：「盡其心者，知其性也。知其性，則知天矣。存其心，養其性，所以事天也。夭壽不貳，修身以俟之，所以立命也。」

孟子曰：「莫非命也，順受其正。是故知命者，不立乎巖墻之下。盡其道而死者，正命也。桎梏死者，非正命也。」

孟子曰：「『求則得之，舍則失之』，是求有益於得也，求在我者也。『求之有道，得之有命』，是求無益於得也，求在外者也。」

孟子曰：「萬物皆備於我矣，反身而誠，樂莫大焉。強恕而行，求仁莫近焉。」

孟子曰：「行之而不著焉，習矣而不察焉，終身由之而不知其道者，眾也。」

孟子曰：「人不可以無恥。無恥之恥，無恥矣。」孟子曰：「恥之於人大矣。為機變之巧者，無所用恥焉。不恥不若人，何若人有？」

孟子曰：「古之賢王，好善而忘勢。古之賢士，何獨不然？樂其道而忘人之勢。故王公不致敬盡禮，則不得亟見之。見且由不得亟，而況得而臣之乎？」

孟子謂宋句踐曰：「子好游乎？吾語子游：人知之亦囂囂，人不知亦囂囂。」曰：「何如斯可以囂囂矣？」曰：「尊德樂義，則可以囂囂矣。故士窮不失義，達不離道。窮不失義，故士得己焉。達不離道，故民不失望焉。古之人，得志，澤加於民；不得志，修身見於世。窮則獨善其身；達則兼善天下。」

孟子曰：「待文王而後興者，凡民也。若夫豪杰之士，雖無文王猶興。」

孟子曰：「附之以韓魏之家，如其自視欿然，則過人遠矣。」

孟子曰：「以佚道使民，雖勞不怨。以生道殺民，雖死不怨殺者。」

孟子曰：「霸者之民，驩虞如也；王者之民，皞皞如也。殺之而不怨，利之而不庸，民日遷善而不知為之者。夫君子所過者化，所存者神，上下與天地同流，豈曰小補之哉！」

孟子曰：「仁言，不如仁聲之入人深也。善政，不如善教之得民也。善政民畏之；善教民愛之。善政得民財；善教得民心。」

孟子曰：「人之所不學而能者，其良能也。所不慮而知者，其良知也。孩提之童，無不知愛其親者，及其長也，無不知敬其兄也。親親，仁也。敬長，義也。無他，達之天下也。」

孟子曰：「舜之居深山之中，與木石居，與鹿豕游，其所以異於深山之野人者幾希。及其聞一善言，見一善行，若決江河，沛然莫之能御也。」

孟子曰：「無為其所不為，無欲其所不欲，如此而已矣。」

孟子曰：「人之有德慧術知者，恒存乎疢疾。獨孤臣孽子，其操心也危，其慮患也深，故達。」

孟子曰：「有事君人者，事是君，則為容悅者也。有安社稷臣者，以安社稷為悅者也。有天民者，達可行於天下而後行之者也。有大人者，正己而物正者也。」

孟子曰：「君子有三樂，而王天下不與存焉。父母俱存，兄弟無故，一樂也。仰不愧於天，俯不怍於人，二樂也。得天下英才而教育之，三樂也。君子有三樂，而王天下不與存焉。」

孟子曰：「廣土眾民，君子欲之，所樂不存焉。中天下而立，定四海之民，君子樂之，所性不存焉。君子所性，雖大行不加焉，雖窮居不損焉，分定故也。君子所性，仁義禮智根於心。其生色也，睟然見於面、盎於背。施於四體，四體不言而喻。

孟子曰：「伯夷辟紂，居北海之濱，聞文王作興，曰：

『盍歸乎來！吾聞西伯善養老者。』太公辟紂，居東海之濱，聞文王作興，曰：『盍歸乎來！吾聞西伯善養老者。』天下有善養老，則仁人以為己歸矣。五畝之宅，樹墻下以桑，匹婦蠶之，則老者足以衣帛矣。五母雞，二母彘，無失其時，老者足以無失肉矣。百畝之田，匹夫耕之，八口之家，足以無饑矣。所謂西伯善養老者，制其田里，教之樹畜，導其妻子，使養其老。五十非帛不暖，七十非肉不飽。不暖不飽，謂之凍餒。文王之民，無凍餒之老者，此之謂也。」

孟子曰：「易其田疇，薄其稅斂，民可使富也。食之以時，用之以禮，財不可勝用也。民非水火不生活，昏暮叩人之門戶，求水火，無弗與者，至足矣。聖人治天下，使有菽粟如水火。菽粟如水火，而民焉有不仁者乎？

孟子曰：「孔子登東山而小魯，登泰山而小天下。故觀於海者難為水；游於聖人之門者難為言。觀水有術，必觀其瀾。日月有明，容光必照焉。流水之為物也，不盈科不行；君子之志於道也，不成章不達。」

孟子曰：「雞鳴而起，孳孳為善者，舜之徒也。雞鳴而起，孳孳為利者，蹠之徒也。欲知舜與蹠之分，無他，利與善之間也。」

孟子曰：「楊子取『為我』，拔一毛而利天下，不為也。墨子『兼愛』，摩頂放踵利天下，為之。子莫『執中』，執中為近之。執中無權，猶執一也。所惡執一者，為其賊道也，舉一而廢百也。」

孟子曰：「饑者甘食，渴者甘飲，是未得飲食之正也，饑渴害之也。豈惟口腹有饑渴之害？人心亦皆有害。人能無以饑渴之害為心害，則不及人不為憂矣。」

孟子曰：「柳下惠不以三公易其介。」

孟子曰：「有為者，辟若掘井。掘井九軔而不及泉，猶為棄井也。」

孟子曰：「堯舜，性之也；湯武，身之也；五霸，假之也。久假而不歸，惡知其非有也？」

公孫丑曰：「伊尹曰：『予不狎于不順。』放太甲于桐，民大悅；太甲賢，又反之，民大悅。賢者之為人臣也，其君不賢，則固可放與？」孟子曰：「有伊尹之志，則可；無伊尹之志，則篡也。

公孫丑曰：「《詩》曰：『不素餐兮。』君子之不耕而食，何也？」孟子曰：「君子居是國也，其君用之，則安富尊榮；其子弟從之，則孝弟忠信。『不素餐兮』，孰大於是？」

王子墊問曰：「士何事？」孟子曰：「尚志。」曰：「何謂尚志？」曰：「仁義而已矣。殺一無罪，非仁也；非其有而取之，非義也。居惡在？仁是也。路惡在？義是也。居仁由義，大人之事備矣。」

孟子曰：「仲子，不義與之齊國而弗受，人皆信之，是舍簞食豆羹之義也。人莫大焉亡親戚、君臣、上下。以其小者，信其大者，奚可哉？」

桃應問曰：「舜為天子，皋陶為士，瞽瞍殺人，則如之何？」孟子曰：「執之而已矣。」「然則舜不禁與？」曰：「夫舜惡得而禁之？夫有所受之也。」「然則舜如之何？」曰：「舜視棄天下，猶棄敝蹝也。竊負而逃，遵海濱而處，終身欣然，樂而忘天下。」

孟子自范之齊，望見齊王之子，喟然嘆曰：「居移氣，養移體，大哉居乎！夫非盡人之子與？」孟子曰：「王子宮室、車馬、衣服多與人同，而王子若彼者，其居使之然也。況居天下之廣居者乎？魯君之宋，呼於垤澤之門。守者曰：『此非吾君也，何其聲之似我君也？』此無他，居相似也。」

孟子曰：「食而弗愛，豕交之也。愛而不敬，獸畜之也。恭敬者，幣之未將者也。恭敬而無實，君子不可虛拘。」孟子曰：「形色，天性也。惟聖人然後可以踐形。」

齊宣王欲短喪。公孫丑曰：「為期之喪，猶愈於已乎？」孟子曰：「是猶或紾其兄之臂，子謂之『姑徐徐』云爾。亦教之孝弟而已矣。」王子有其母死者，其傅為之請數月之喪。公孫丑曰：「若此者何如也？」曰：「是欲終之而不可得也，雖加一日愈於已。謂夫莫之禁而弗為者也。」

孟子曰：「君子之所以教者五：有如時雨化之者，有成德者，有達財者，有答問者，有私淑艾者。此五者，君子之所以教也。」

公孫丑曰：「道則高矣、美矣，宜若登天然，似不可及也。何不使彼為可幾及而日孳孳也？」

孟子曰：「大匠不為拙工改廢繩墨；羿不為拙射變其彀率。君子引而不發，躍如也。中道而立，能者從之。」

孟子曰：「天下有道，以道殉身；天下無道，以身殉道。未聞以道殉乎人者也。」

公都子曰：「滕更之在門也，若在所禮，而不答，何也？」孟子曰：「挾貴而問，挾賢而問，挾長而問，挾有勛勞而問，挾故而問，皆所不答也。滕更有二焉。」

孟子曰：「於不可已而已者，無所不已。於所厚者薄，無所不薄也。其進銳者，其退速。

孟子曰：「君子之於物也，愛之而弗仁；於民也，仁之而弗親。親親而仁民，仁民而愛物。」

孟子曰：「知者無不知也，當務之為急；仁者無不愛也，急親賢之為務。堯舜之知而不遍物，急先務也。堯舜之仁不遍愛人，急親賢也。不能三年之喪，而緦小功之察：放飯流歠，而問無齒決：是之謂不知務。」

盡心下

孟子曰：「不仁哉，梁惠王也！仁者，以其所愛及其所不愛；不仁者，以其所不愛及其所愛。」公孫丑問曰：「何謂也？」「梁惠王以土地之故，糜爛其民而戰之，大敗；將復之，恐不能勝，故驅其所愛子弟以殉之；是之謂以其所不愛及其所愛也。」

孟子曰：「《春秋》無義戰，彼善於此，則有之矣。征者，上伐下也，敵國不相征也。」

孟子曰：「盡信書，則不如無書。吾於《武成》，取二三策而已矣。仁人無敵於天下。以至仁伐至不仁，而何其血之流杵也？」

孟子曰：「有人曰：『我善為陳，我善為戰』，大罪也。國君好仁，天下無敵焉，南面而征北夷怨，東面而征西夷怨，曰：『奚為後我？』武王之伐殷也，革車三百兩，虎賁三千人。王曰：『無畏！寧爾也，非敵百姓也。』若崩厥角稽首。征之為言正也，各欲正己也，焉用戰？」

孟子曰：「梓匠輪輿，能與人規矩，不能使人巧。」

孟子曰：「舜之飯糗茹草也，若將終身焉。及其為天子也，被袗衣，鼓琴，二女果若固有之。」

孟子曰：「吾今而後知殺人親之重也：殺人之父，人亦殺其父；殺人之兄，人亦殺其兄。然則非自殺之也？一間耳。」

孟子曰：「古之為關也，將以御暴；今之為關也，將以為暴。」

孟子曰：「身不行道，不行於妻子；使人不以道，不能行於妻子。」

孟子曰：「周于利者，兇年不能殺；周於德者，邪世不能亂。」

孟子曰：「好名之人，能讓千乘之國。苟非其人，簞食豆羹見於色。

孟子曰：「不信仁賢，則國空虛。無禮義，則上下亂。無政事，則財用不足。」

孟子曰：「不仁而得國者，有之矣。不仁而得天下者，未之有也。」

孟子曰：「民為貴，社稷次之，君為輕。是故得乎丘民而為天子；得乎天子為諸侯；得乎諸侯為大夫。諸侯危社稷，則變置；犧牲既成，粢盛既潔，祭祀以時，然而旱乾水溢，則變置社稷。」

孟子曰：「聖人，百世之師也，伯夷、柳下惠是也。故聞伯夷之風者，頑夫廉，懦夫有立志。聞柳下惠之風者，薄夫敦，鄙夫寬。奮乎百世之上，百世之下聞者莫不興起也。非聖人而能若是乎？而況於親炙之者乎？」

孟子曰：「仁也者，人也；合而言之，道也。」

孟子曰：「孔子之去魯，曰：『遲遲吾行也』，去父母國之道也。去齊，接淅而行，去他國之道也。」

孟子曰：「君子之戹於陳蔡之間，無上下之交也。」貉稽曰：「稽大不理於口。」

孟子曰：「無傷也。士憎茲多口。《詩》云：『憂心悄悄，慍于群小』，孔子也。『肆不殄厥慍，亦不隕厥問』，文王也。」

孟子曰：「賢者以其昭昭，使人昭昭；今以其昏昏，使人昭昭。」

孟子謂高子曰：「山徑之蹊間，介然用之而成路；為間不用，則茅塞之矣。今茅塞子之心矣。」

高子曰：「禹之聲，尚文王之聲。」孟子曰：「何以言之？」曰：「以追蠡。」曰：「是奚足哉？城門之軌，兩馬之力與？」

齊饑。陳臻曰：「國人皆以夫子將復為發棠；殆不可復。」孟子曰：「是為馮婦也。晉人有馮婦者，善搏虎，卒為善士；則之野，有眾逐虎，虎負嵎，莫之敢攖；望見馮婦，趨而迎之；馮婦攘臂下車，眾皆悅之，其為士者笑之。」

孟子曰：「口之於味也，目之於色也，耳之於聲也，鼻之於臭也，四肢之於安佚也；性也，有命焉，君子不謂性也。仁之於父子也，義之於君臣也，禮之於賓主也，知之於賢者也，聖人之於天道也；命也，有性焉，君子不謂命也。」

浩生不害問曰：「樂正子，何人也？」孟子曰：「善人也，信人也。」「何謂善？何謂信？」曰：「可欲之謂善。有諸己之謂信。充實之謂美。充實而有光輝之謂大。大而化之之謂聖。聖而不可知之之謂神。樂正子，二之中，四之下也。」

孟子曰：「逃墨必歸於楊，逃楊必歸於儒。歸，斯受之而已矣。今之與楊、墨辯者，如追放豚，既入其苙，又從而招之。」

孟子曰：「有布縷之征，粟米之征，力役之征。君子用其一，緩其二。用其二而民有殍；用其三而父子離。」

孟子曰：「諸侯之寶三：土地、人民、政事。寶珠玉者，殃必及身。」

盆成括仕於齊。孟子曰：「死矣盆成括！」盆成括見殺，門人問曰：「夫子何以知其將見殺？」曰：「其為人也，小有才，未聞君子之大道也，則足以殺其軀而已矣。」

孟子之滕，館於上宮。有業屨於牖上，館人求之弗得。或問之曰：「若是乎從者之廋也。」曰：「子以是為竊屨來與？」曰：「殆非也。夫子之設科也，往者不追，來者不拒。苟以是心至，斯受之而已矣。

孟子曰：「人皆有所不忍，達之於其所忍，仁也；人皆有所不為，達之於其所為，義也。人能充『無欲害人』之心，而仁不可勝用也。人能充『無穿窬』之心，而義不可勝用也。人能充無受『爾』、『汝』之實，無所往而不為義也。士未可以言而言，是以言餂之也；可以言而不言，是以不言餂之也。是皆穿逾之類也。」

孟子曰：「言近而指遠者，善言也；守約而施博者，善道也。君子之言也，不下帶而道存焉。君子之守，修其身而天下平。人病舍其田而蕓人之田，所求於人者重，而所以自任者輕。」

孟子曰：「堯、舜，性者也；湯、武，反之也。動容周旋中禮者，盛德之至也。哭死而哀，非為生者也。經德不回，非以干祿也。言語必信，非以正行也。君子行法，以俟命而已矣。」

孟子曰：「說大人，則藐之，勿視其巍巍然。堂高數仞，榱題數尺，我得志弗為也。食前方丈，侍妾數百人，我得志弗為也。般樂飲酒，驅騁田獵，後車千乘，我得志弗為也。在彼者，皆我所不為也；在我者，皆古之制也，吾何畏彼哉？

孟子曰：「養心莫善於寡欲。其為人也寡欲，雖有不存焉者，寡矣。其為人也多欲，雖有存焉者，寡矣。」

曾皙嗜羊棗，而曾子不忍食羊棗。公孫丑問曰：「膾炙與羊棗孰美？」孟子曰：「膾炙哉！」公孫丑曰：「然則曾子何為食膾炙而不食羊棗？」曰：「膾炙所同也，羊棗所獨也。諱名不諱姓，姓所同也，名所獨也。」

萬章問曰：「孔子在陳，曰：『盍歸乎來！吾黨之士狂簡，進取不忘其初。』孔子在陳，何思魯之狂士？」孟子曰：「孔子『不得中道而與之，必也狂獧乎！狂者進取；獧者有所不為也。』孔子豈不欲中道哉？不可必得，故思其次也。」「敢問何如斯可謂狂矣？」曰：「如琴張、曾晳、牧皮者，孔子之所謂狂矣。」「何以謂之狂也？」曰：「其志嘐嘐然，曰：『古之人，古之人』，夷考其行而不掩焉者也。狂者又不可得；欲得不屑不潔之士而與之，是獧也。是又其次也。」

「孔子曰：『過我門而不入我室，我不憾焉者，其惟鄉原乎！鄉原，德之賊也。』曰：何如斯可謂之鄉原矣？」「曰：『何以是嘐嘐也？言不顧行，行不顧言，則曰：古之人古之人。行何為踽踽涼涼？生斯世也，為斯世也，善斯可矣。』閹然媚於世也者，是鄉原也。」萬子曰：「一鄉皆稱原人焉，無所往而不為原人；孔子以為德之賊，何哉？」曰：「非之無舉也，刺之無刺也；同乎流俗，合乎污世；居之似忠信，行之似廉潔；眾皆悅之；自以為是，而不可與入堯舜之道，故曰『德之賊也』。孔子曰：『惡似而非者：惡莠，恐其亂苗也；惡佞，恐其亂義也；惡利口，恐其亂信也；惡鄭聲，恐其亂樂也；惡紫，恐其亂朱也；惡鄉原，恐其亂德也。』君子反經而已矣。經正，則庶民興；庶民興，斯無邪慝矣。

孟子曰：「由堯舜至於湯，五百有餘歲，若禹、皋陶，則見而知之；若湯，則聞而知之。由湯至於文王，五百有餘歲，若伊尹、萊朱則見而知之；若文王，則聞而知之。由文王至於孔子，五百有餘歲，若大公望、散宜生，則見而知之；若孔子，則聞而知之。由孔子而來至於今，百有餘歲，去聖人之世，若此其未遠也；近聖人之居，若此其甚也，然而無有乎爾，則亦無有乎爾。

Also Available from JiaHu Books

Πολιτεία – 9781909669482

The Early Dialogues – Apology to Lysis – 9781909669888

Ιλιάς - 9781909669222

Οδύσσεια - 9781909669260

Ἀνάβασις - 9781909669321

Μήδεια – Βάκχαι – 9781909669765

Νεφέλαι – Λυσιστράτη – 9781909669956

Ιστορίαι - 9781909669710

De rerum natura – Lucretius

Metamorphoses – Ovid (Latin)

Satyricon - Gaius Petronius Arbiter (Latin)

Metamorphoses – Asinus Aureus (Latin)

Plays of Terence (Latin)

Plays of Plautus (Latin)

Complete Works of Pliny the Younger (Latin)

Philippicae (Latin)

Egils Saga (Old Norse)

Egils Saga (Icelandic)

Brennu-Njáls saga (Icelandic)

Laxdæla Saga (Icelandic)

अभीज्ञानशाकु न्ताकम्- Recognition of Sakuntala (Sanskrit) – 9781909669192

Bhagavad Gita (Sanskrit) - 9781909669178

易經 – 9781909669383

春秋左氏傳 - 9781909669390

尚書 – 9781909669635

莊子 - 9781784350277

Truyện Kiều - 9781784350185

www.ingramcontent.com/pod-product-compliance
Lightning Source LLC
Chambersburg PA
CBHW031410040426
42444CB00005B/508
* 9 7 8 1 7 8 4 3 5 0 2 8 4 *